KB189336

처음
세계사

처음 세계사

7 프랑스 혁명과 시민 사회의 발전

초판 1쇄 발행 2016년 3월 22일
초판 4쇄 발행 2021년 5월 20일

지은이 초등 역사 교사 모임
그린이 한동훈, 이희은
감수 서울대학교 뿌리 깊은 역사 나무

발행인 양원석 | **편집진행** 이상희
펴낸곳 (주)알에이치코리아 | **출판등록** 2004년 1월 15일 제2-3726호
주소 08588 서울시 금천구 가산디지털2로 53, 20층(한라시그마밸리)
편집 문의 02-6443-8921 | **도서 문의** 02-6443-8800

ISBN 978-89-255-5841-7 (64900)
ISBN 978-89-255-5280-4 (세트)

홈페이지 www.rhk.co.kr
블로그 randomhouse1.blog.me | **포스트** post.naver.com/junior_rhk
인스타그램 @junior_rhk | **페이스북** facebook.com/rhk.co.kr

제조자명 (주)알에이치코리아 | 제조국명 대한민국 | 사용연령 8세 이상
※ 종이에 손이 베이거나 모서리에 다치지 않게 주의하세요.
※ 잘못 만들어진 책은 구입하신 곳에서 바꾸어 드립니다.

① 프랑스 혁명과 시민 사회의 발전

처음 세계사

초등 역사 교사 모임 글 | 한동훈 · 이희은 그림

서울대학교 뿌리 깊은 역사 나무 감수

주니어 RHK

타임머신을 타고 떠나는 세계사 여행

세계사 속에는 아주 많은 인물과 사건이 담겨 있습니다. 그래서 어린이가 너무 복잡하고, 어렵다고 생각하여 쉽게 포기해 버릴 수도 있지요. 하지만 세계사가 꼭 복잡하고, 어렵기만 한 것은 아닙니다.

넓은 땅을 정복한 알렉산드로스 대왕의 이야기, 초원의 황제 칭기즈 칸의 이야기는 한 편의 영화 같은 흥미진진한 모험담이기도 합니다. 그뿐인가요? 우리와 가까운 이웃 나라 일본과 중국의 이야기는 친숙하고 흥미롭습니다. 조금은 먼 나라여서 낯설기도 하지만, 그만큼 신비하고 새로운 페르시아와 아프리카의 이야기도 있지요. 세상 어디에 내놓아도 자랑스러운 한글을 만든 세종대왕, 목숨을 걸고 나라를 지킨 안중근 의사의 이야기는 애국심과 감동도 느끼게 합니다.

이 모든 사람과 나라가 어우러져 만들어 낸 이야기가 바로 세계사입니다. 〈처음 세계사〉는 이 이야기를 동화처럼, 옛날이야기처럼, 영화처럼 신나고 흥미롭게 풀어서 보여 주지요. 세계사가 복잡하고, 어렵다는 생각을 잠시 내려놓고 책을 펼쳐 보세요. 세상 그 어떤 이야기보다 재미있는 이야기를 만나 볼 수 있을 거예요.

세계사는 다른 나라의 이야기가 아니라 곧 '우리'의 이야기입니다. 오늘날 우리는 하루 이틀이면 지구상의 어느 곳이든 갈 수 있는데다가, 우리가 살고 있는 지금 순간순간이 내일의 세계사가 될 테니까요.

　역사는 흔히 미래를 내다보는 거울이라는 말이 있지요. 우리는 곧 더 넓은 세상으로 나가, 때로는 그들과 경쟁하며, 혹은 큰 목표를 함께 이루기도 할 것입니다. 그리고 우리가 알고 있는 역사가 교훈이 되고, 안내자가 되어 넓은 세상으로의 길을 함께해 줄 것입니다.

　자, 이제 타임머신을 타고 세계사를 여행할 시간입니다. 〈처음 세계사〉를 통해 오늘날 우리의 모습과 내일을 찾아보세요!

초등 역사 교사 모임

처음 세계사

〈처음 세계사〉는 초등학교 선생님과 동화 작가 선생님이 어린이가 세계사와

친해질 수 있도록 쉽고 재미있게 풀어 쓴 세계사 이야기입니다.

재미와 정보를 주는 그림과 사진, 쏙 빠져드는 이야기로 실제 역사를 모험하듯

세계사의 전체적인 흐름을 자연스럽게 익힐 수 있습니다.

이 책의 구성과 활용

역사 속 인물이 직접 전해 주는
이야기를 통해 당시 시대적 특징을
재미있게 알아볼 수 있어요.

역사 속 사건과 유물, 인물 등을
그림과 사진으로 함께 구성하여
친절하게 설명했어요.

깊이 보는 역사 페이지를 통해
각 장의 내용을 한 번 더 정리하고,
본문에서 미처 다루지 못했던
흥미로운 이야기를 들려줍니다.

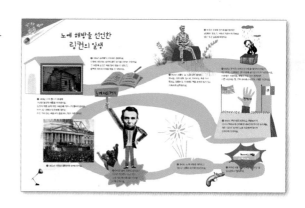

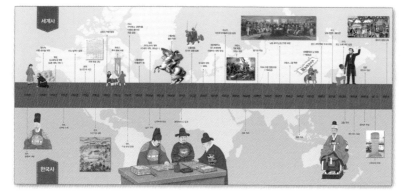

중요한 사건들을 연표를 통해
한번에 파악할 수 있어요.
각 나라와 시대를 대표하는 유물 사진과
그림을 보며 세계사의 흐름을 익혀 보세요.

차례

1장 프랑스 혁명과 나폴레옹

2장 유럽 시민 사회의 발전

1장 프랑스 혁명과 나폴레옹

나폴레옹 시대의 유럽
- 나폴레옹의 원정로 →
- 프랑스 제국령(1812)
- 나폴레옹 복속국
- 나폴레옹 동맹국
- 나폴레옹 영향권 ○
- 대륙 봉쇄령

영국

프로이센

러시아

파리

라인 동맹

오스트리아

프랑스

포르투갈

에스파냐

이탈리아

오스만 제국

나는 열일곱 살에 나폴레옹이 이끄는 프랑스군에 입대했어. 우리는 늘 이겼어. 수많은 영토가 우리 프랑스 것이 되었지. 나는 나폴레옹의 병사인 게 정말 자랑스러워! 우리의 황제 나폴레옹은 기막힌 전술로 적군을 번번이 위기에 빠뜨리거든. 그래서 다른 나라의 군사들은 우리를 보기만 해도 벌벌 떨지. 물론 나도 전투가 시작되면 무서워. 하지만 나폴레옹이 우리를 다독거리면서 용기를 줄 때면 이길 거란 믿음이 들어서 힘이 나. 나폴레옹이 있는 한 프랑스는 영원히 승리할 거야.

가자! 바스티유 감옥으로

"루이 14세 때는 궁전을 짓는다고 우리 백성들을 들들 볶더니, 이제는 다른 나라와 전쟁을 하겠다고 우릴 못살게 구는군요."

"툭하면 이런저런 핑계를 대면서 세금을 뜯어 가니 정말 못살겠어요."

프랑스 루이 15세 때의 일이었어요. 프랑스 국민의 대다수인 평민들은 열심히 일했지만 생활이 넉넉하지 못했어요. 그들은 교회에 세금을 내야 했고, 물건을 살 때마다 세금을 물어야 했지요.

그럼에도 나라의 재정은 점점 더 어려워져 갔어요. 그럴수록 왕실과 귀족들은 평민들에게 더 많은 세금을 거두어들였어요. 다리를 건널 때도 통행세를 내게 했고, 밀을 빻을 때에도 세금을 내게 했어요. 그토록 어려운 생활을 이어 가던 차에, 루이 16세 때에는 수백 년 만에 흉년까지 몰아닥쳤어요. 평민들은 엄청난 굶주림에 시달릴 수밖에 없었어요.

똑똑했으나 백성을 힘들게 한 왕
루이 16세는 1774년 스무 살에 왕위에 올랐다. 5개 국어를 할 정도로 똑똑했지만 나라를 이끄는 능력은 부족했다.

– 앙투안 프랑수아 칼레
〈루이 16세〉

하지만 당시 프랑스 사람 모두가 그렇게 힘든 건 아니었어요. 프랑스 사람 중 아주 일부였던 성직자들은 교회와 수도원의 땅을 가지고 있었고 농민들에게 세금도 받았어요. 귀족들은 대대로 물려받은 땅과 저택을 가지고 나라를 이끄는 중요한 자리를 두루 차지하고 있었어요. 세금은 거의 내지 않았답니다.

백성의 삶을 몰랐던 왕비
마리 앙투아네트는 1755년 오스트리아 합스부르크가 여왕의 딸로 태어났다. 14세에 루이 16세와 결혼했다.

– 비제 르 브룅
〈마리 앙투아네트와 그녀의 아이들〉

귀족들은 항상 파티를 벌이고, 기름진 음식을 먹을 생각만 했어요. 특히 루이 16세의 왕비 마리 앙투아네트는 화려한 옷을 입고, 한밤중에 수많은 촛불을 대낮처럼 밝히고 무도회를 열곤 했어요. 백성들이 "우리에게 빵을 달라!"고 요구하자 "빵이 없으면 케이크를 먹으면 되지!"라는 철없는 말을 했다는 소문도 들렸어요.

게다가 프랑스가 미국의 독립 전쟁을 도와주면서 평민들이 내야 할 세금은 더 늘어났어요. 프랑스의 재정은 점점 더 바닥을 보였지요. 왕실과 귀족에 대한 평민들의 원망은 깊어만 갔어요.

그럴 즈음 영국의 지배를 받던 바다 건너 미국이 독립했다는 소식이 들려왔어요.

프랑스의 세 계급
재산이 많은 성직자와 귀족은 세금을 내지 않고 가난한 평민이 세금을 내느라 힘겨워하던 상황을 풍자했다.

계몽사상(계몽주의)

인간의 이성으로 무지, 잘못된 믿음, 이성에 어긋나는 불합리한 제도와 관습을 과감하게 바꾸자는 사상이야.

횡포

제멋대로 굴고 난폭하게 행동하는 걸 말해.

"미국 사람들은 이제 영국 왕실의 지배를 벗어나 자유를 누리게 되었대요."

그렇지 않아도 프랑스 사람들 사이에는 시민들의 자유와 평등을 강조하는 계몽사상이 널리 퍼져 있었어요.

평민들은 생각했어요.

'도대체 우리는 왜 무능한 왕과 사치만 일삼는 귀족들 때문에 항상 이렇게 어렵게 살아야 하지?'

이즈음 루이 16세는 나랏돈이 바닥난 사실을 알아차렸어요. 루이 16세는 경제학자와 은행가 등을 관리로 뽑아서 특권 신분도 세금을 내게 해 재정 문제를 해결하려 애썼어요. 하지만 고위 성직자와 귀족들의 반대가 심해서 결국 아무런 결실도 얻지 못했어요. 그러자 귀족(제2계급)을 비롯해 성직자(제1계급), 평민(제3계급) 대표들이 모여서 귀족들도 세금을 내야 하는지 의논하자는 요구가 커졌어요. 이렇게 세 계급이 모이는 회의를 삼부회라 부르지요.

1789년 5월, 삼부회가 베르사유에서 열렸어요. 하지만 회의는 시작하기 전부터 말썽이었어요. 제1계급과 제2계급 사람들의 횡포가 심했기 때문이에요.

"제3계급의 대표자들은 검정색의 옷을 입으시오. 우리와는 다른 사람이란 걸 보여 줘야 하잖소. 베르사유 궁전에 들어갈 때는 정문으로 들어가선 안 되오. 샛문으로 들어가시오."

뿐만 아니라 특별 미사를 드리기 위해 교회에 모였을 때는 의자도 내주지 않아 평민 대표들은 아무 데나 쭈그리고 앉아야 했어요. 그러나 평민들을 더 화나게 한 일은 따로 있었어요.

"세 계급에게 각각 하나의 투표권만 주겠소."

그것은 평민 대표들에게 아주 불리했어요. 성직자와 귀족들은 오로지 자기들에게 유리한 쪽으로만 투표할 게 뻔했기 때문이에요. 그래서 평민 대표들은 한목소리로 외쳤어요.

세 계급이 모이는 삼부회
1302년 프랑스 필리프 4세 때 처음 만들어졌다. 왕이 세금 문제 등 필요가 있을 때 모았다.

"각 계급당 한 개의 투표권을 주는 것이 아니라 사람 수대로 투표하여 의사 결정을 해야 합니다."

결국 국민 대부분을 차지하는 평민 대표들은 따로 국민 의회라는 이름의 정치 단체를 만들기로 했어요. 그리고 몇몇 귀족과 성직자를 찾아가 자기들 편에 서 달라고 설득했어요. 그런 노력으로 일부 귀족과 성직자들이 평민 대표들의 뜻에 따르기로 했지요.

그러자 귀족 대표들은 루이 16세와 함께 평민 대표들이 회의실에 들어가지 못하도록 문을 잠가 버렸어요. 평민 대표들은 지지 않고 궁정의 테니스코트에 모여 회의를 열었어요. 그리고 새로운 헌법을 만들기 전까지

는 해산하지 않겠다고
서약했어요. 이를 테니
스코트의 서약이라 불
러요.

루이 16세가 화를 내
며 국민 의회를 해산하
라고 외쳤지만, 평민 대
표들의 고집을 꺾을 수
는 없었어요. 결국 루이 16세는 국민 의회를 '헌법 제
정 국민 의회'라 이름 붙이고, 입법 기관으로 인정했어
요. 이어 헌법을 만들어서 정하는 일을 시작했지요.

하지만 루이 16세는 한편으로는 지방에 있던 군대
를 불러들여 베르사유 주변을 삼엄하게 지키도록 했어
요. 또한 재정 보고서를 최초로 만들어 국민에게 알리
는 등 개혁을 해 나가던 삼부회의 최고 책임자 네케르
를 그만두게 했지요. 그러자 베르사유에서 불과 20여
킬로미터 떨어진 파리의 시민들은 공포와 불안에 떨었
어요.

"우리는 스스로를 지켜야 합니다."

파리의 시민들은 마침내 성문을 굳게 닫고 시내 곳곳
에 방어벽을 만들었어요. 그러나 그것만으로는 부족하

테니스코트의 서약
1789년 6월 20일,
베르사유 궁전 테니스코트에
모인 평민 대표들은 새로운
헌법을 만들고 사회 질서를
바로 잡기 전에는 해산하지
않겠다고 뜻을 모았다.

– 다비드 〈테니스코트의 서약〉

 입법 기관
- - - - - - - - - - - - - - -
법률을 정하는 기관을 말해.

네케르
- - - - - - - - - - - - - - -
1732년 스위스 제네바에서
태어나 15세 때 프랑스로 와
은행에 취직했어. 은행업으
로 돈을 많이 벌고 재무 장
관이 되었지.

**혁명의 시작,
바스티유 감옥 습격**
1370년대 샤를 5세가 요새로
지었는데, 이후 왕권에 맞선
정치범을 가두는 감옥이 됐다.
이곳에 대한 습격은 왕권에
대한 저항이기도 했다.

**인간과 시민의
권리 선언**
- - - - - - - - - - - - - - -
프랑스 군인이자 정치가인
라파예트가 기초를 잡았어.
이후 세계의 헌법과 정치에
큰 영향을 끼쳤지.

다고 생각했어요. 언제 왕의 군대가 진격해 올지 모르니까요.

"우리도 무장을 해야 합니다. 총과 화약이 필요하다구요!"

"그러면 바스티유 감옥으로 갑시다!"

시민들은 너나 할 것 없이 바스티유 감옥으로 몰려갔어요. 감옥을 지키던 병사들과 시민 사이에 전투가 벌어졌지요. 그리고 결국 감옥 소장은 시민들에게 항복했어요. 시민들은 죄수를 풀어 주고 바스티유 감옥에 있던 화약을 빼앗았어요. 이날이 1789년 7월 14일이었지요. 프랑스 혁명이 시작된 거예요.

평민들이 시내를 차지했고, 이 소식을 들은 농촌에서도 농민들이 들고 일어나 지주와 관리들을 습격했어요.

결국 20여 일이 지난 후, 국민 의회가 나서서 귀족들도 세금을 내게 하고 영주가 시민들을 함부로 노예처럼 부리지 못하게 했어요. 이어 8월 말에는 인간과 시민의 권리 선언을 발표해서 모든 인간은 태어나면서부터 자유롭고 평등하다고 강조했지요. 그런가 하면 10월에는 시민 중에서도 가난한 사람들이 앞장서 베르사유로 달려가 국왕의 가족을 파리로 데려왔고(베르사유 행진), 왕실은 시민들의 감시를 받게 되었어요.

루이 16세는 모든 일이 자신에게 불리하게 돌아가고 있음을 깨닫고, 오스트리아의 도움을 받기 위해 나라 밖으로 탈출하려 했어요. 하지만 국경 가까운 곳에서 시민들에게 들켜서 다시 파리로 돌아올 수밖에 없었지요.

로베스피에르의 공포 정치

루이 16세가 탈출하려 하자 사람들은 점점 국왕은 믿을 만한 사람이 아니라고 생각하게 되었어요. 마침내 정치 지도자들은 국왕을 계속 두어야 한다는 쪽(입헌 군주제)과 국왕을 아예 없애야 한다는 쪽(공화주의)으로 갈라졌어요.

이를 지켜보던 왕비 마리 앙투아네트의 친정 오스트리아와 프로이센은 혁명의 불길이 자신의 나라로 미칠까 봐 두려워했어요. 그 때문에 어떻게든 프랑스 혁명을 억누르려 했지요.

 입헌 군주제

왕이 헌법의 테두리 안에서 나라를 이끄는 정치 제도야.

입헌 군주제 공화주의

국민이 뽑은 대표자들이 나라를 이끌어야 한다는 주장이야.

결국 공화주의자들은 이 위기를 극복하기 위해 먼저 두 나라에 선전 포고를 하고 전쟁을 시작했어요. 하지만 프랑스군은 곳곳에서 싸움에 졌고 공화주의자들은 국민에게 도움을 청하지 않을 수 없었어요. 이에 전국 각 지역에서 청년들이 스스로 모여들었어요. 이들은 포악한 정치 세력을 시민들이 힘을 모아 무찌르자는 내용의 군가 '라 마르세예즈'를 부르며 전쟁터로 떠났어요. 이 노래는 오늘날 프랑스 국가가 되었답니다.

백성을 좀 더 생각할걸!

프랑스가 점점 위기에 처하자 사람들은 그 책임을 국왕에게 돌렸어요.

"우리 프랑스를 이토록 비참하게 만든 건 바로 국왕입니다!"

결국 민중들은 국왕을 붙잡아 탕플 탑에 가두었어요. 이를 기회로 의회는 새로운 헌법을 만들기 위해 국민 공회를 세웠어요. 그리고 마침내 1792년 9월, 국민 공회는 왕이 다스리는 정치 체제 대신

국민 공회

1792년부터 1795년까지 프랑스의 입법 기관이었어.

공화정으로 나라를 이끌겠다고 선포했어요.

이즈음부터 과격한 공화주의자들은 소시민과 농민, 노동자들의 지지를 받으며 더욱 철저하게 혁명을 이끌어 갔어요.

과격한 공화주의자들은 루이 16세를 끌어내 단두대에서 처형시켰어요. 은행가 같은 부유한 시민이 대부분인 온건한 공화주의자들이 반대했지만 소용없었어요. 그런데 처형 소식이 알려지자 이번에는 영국이 전쟁을 선포했어요. 프랑스의 혁명이 영국까지 번질까 두려웠던 거예요. 그러자 프랑스 국민들은 더욱 불안해하며 술렁이기 시작했어요.

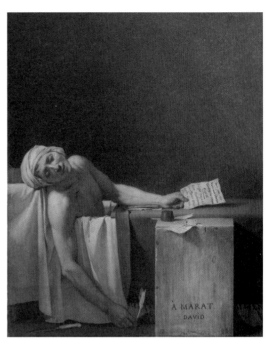

과격한 공화주의자 마라의 죽음
런던과 파리에서 성공한 의사였던 마라가 암살됨으로써 과격한 공화주의자의 공포 정치는 힘을 얻게 되었다. 다비드는 이 그림을 그려서 마라의 죽음을 안타까워했다.
– 다비드 〈마라의 암살〉

과격한 공화주의자들은 이러한 안팎의 위기를 이겨 내기 위해서 반대파를 가혹하게 억압하는 공포 정치로 나라를 이끌었어요. 국민들의 불안과 동요를 막는 게 가장 급하다고 생각했기 때문이에요. 이 과정에서 과격한 공화주의 지도자 마라가 온건한 공화주의자를 지지하는 사람에게 암살당하기도 했지요.

하지만 과격한 공화주의자들은 흔들리지 않고 로베스피에르(23쪽)를 내세워 강력하게 프랑스를 이끌어

 소시민

노동자와 자본가 사이에 있는 소상인, 수공업자, 하급 공무원 등을 일컫는 말이야.

나갔어요.

로베스피에르는 가난한 상퀼로트를 중심으로 한 정책을 펼쳤어요. 왜냐하면 자신을 포함한 과격한 공화주의자의 힘이 상퀼로트에서 나온다는 것을 알고 있었기 때문이에요. 결국 1793년 자코뱅 헌법을 만들었어요. 이 헌법은 이전에 비하여 계급을 차별하지 않는 평등한 헌법이었어요. 아울러 살기 위해 노동을 할 권리와 사회 복지에 대한 내용을 담았지요. 하지만 결국 실시되지는 못했어요.

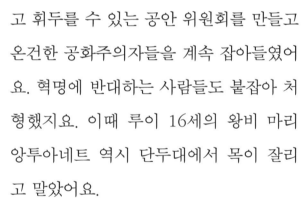

로베스피에르는 정치와 군사 분야에서 절대권을 쥐고 휘두를 수 있는 공안 위원회를 만들고 온건한 공화주의자들을 계속 잡아들였어요. 혁명에 반대하는 사람들도 붙잡아 처형했지요. 이때 루이 16세의 왕비 마리 앙투아네트 역시 단두대에서 목이 잘리고 말았어요.

그런가 하면 일주일을 10일로 정한 혁명 달력과 새로운 국민군을 만들어 질서를 유지하고 적의 침입에 대비했어요. 물가를 안정시키는 정책을 적극적으로 펼치면서 나라가 정한 가격 이상으로 팔지

못하게 하는 최고 가격제도 도입했지요. 그리고 도량형 제도를 고쳐 미터법을 쓰기 시작했어요.

로베스피에르는 이 모든 게 프랑스를 매우 도덕적인 나라로 만드는 일이라고 생각했어요.

"시민들은 누구나 자기 능력에 따라 자신의 주인으로 살아야 해. 그리고 가난한 사람, 부유한 사람 차이 없이 평등하게 생활해야 하지. 그러기 위해서는 나부터 모범을 보여야 하고."

그런 생각을 가진 로베스피에르는 지도자로서 깨끗하고 욕심 없이 지냈어요. 돈에 욕심내지도 않았고, 조국의 장래만을 생각했지요. 그래서 사람들은 로베스피에르를 '타락할 수 없는 사람'이라고 부르기도 했어요.

이런 노력 덕분에 프랑스는 차츰 안정을 찾아 갔고, 시민들의 지지도 받을 수 있었어요.

하지만 로베스피에르는 너무나 가혹하게 나라를 이끌었어요.

마리 앙투아네트를 시작으로 조금이라도 혁명을 거스르는 사람이 있으면 가차 없이 단두대로 보냈어요. 자신의 통치를 반대하는 정치인들도 끌어내 목숨을 빼앗았어요. 공화국을 의심하거나 통치에 반발하면 남자이건 여자이건, 노인이건 어린아이건 가리지 않고 처형

과격한 공화주의자, 로베스피에르
1758년 프랑스에서 태어나 어려서 부모님을 여의고 외할머니 손에 자랐다. 루소의 계몽사상을 좋아했으며 변호사가 되어 서민을 도왔다.

 도량형
- - - - - - - - - - - - - - - - -
길이와 부피, 무게를 재는 법을 말해.

했지요. 심지어 프랑스를 방문한 외국인이 오해를 받고 사형당한 일도 있었어요.

시민들은 로베스피에르의 살벌한 통치에 점점 질리기 시작했어요. 국민 공회도 로베스피에르에게 너무나 많은 권력을 준 것을 후회했어요.

로베스피에르는 의원들에게 외쳤어요.

"나를 거역하는 자는 반드시 단두대로 보내겠소."

하지만 반대파 의원들이 쿠데타를 일으켜 로베스피에르를 체포했어요. 결국 그 자신도 단두대의 이슬로 사라지고 말았답니다.

쿠데타

군대의 힘으로 정권을 빼앗는 일을 말해.

 # 나폴레옹 시대가 열리다

총재 정부

1795년부터 1799년까지 프랑스를 이끈 정부로 5명의 총재가 나라를 이끌었어.

부르주아

많은 재산을 가진 시민 계급이야. 이후 공장을 가진 자본가가 되었어.

로베스피에르가 처형된 후, 프랑스에는 총재 정부가 들어섰어요. 부르주아 계층을 중심으로 구성된 정부였지요.

하지만 이때, 프랑스는 다시 혼란에 빠졌어요. 물가가 껑충 뛰어올라 시민들의 생활이 어려워졌고, 영국과 전쟁 중이었던 프랑스군은 곳곳에서 지기만 했어요. 총재 정부는 과격한 공화주의자의 끈질긴 도전에 시달렸고, 나라 밖으로 피신했던 귀족들이 국내에 들어오려 시도하기도 했지요. 이제 정부는 안팎의 문제를 해결하기 위해서 군대의 힘을 빌리지 않을 수 없었어요.

프랑스 정부에서 일하는 한 사람이 나폴레옹에게 도움을 청했어요. 나폴레옹은 곧바로 군대를 이끌고 달려와 귀족 무리의 반란을 잠재웠어요. 이때부터 나폴레옹은 시민들의 주목을 받기 시작했어요.

코르시카라는 작은 섬에서 태어난 나폴레옹은 곧 정부의 명령을 받아, 1796년 군대를 이끌고 이탈리아로 향했어요. 이때 나폴레옹은 고작 스물일곱 살임에도 능력을 인정받아 사령관이 되었지요. 나폴레옹은 오스트리아의 지배를 받고 있던 이탈리아 북부를 공격해 오스트리아를 굴복시켰어요. 그리고 이듬해, 오스트리아의 수도 빈으로 향했어요. 이때 오스트리아는 벨기에와 롬바르디아를 포기한다는 조건으로 나폴레옹과 평화 조약을 맺어야 했답니다.

유럽을 정복한 나폴레옹
1769년 프랑스가 다스리는 지중해의 섬 코르시카에서 태어났다. 역사와 수학을 좋아했으며 1784년에 파리 육군 사관 학교에 입학하여 군인이 되었다.

롬바르디아
- - - - - - - - - - - - - - - - - -
이탈리아 북부에 있는 지역이야.

넬슨

1758년 영국에서 태어나 1770년 해군에 입대했어. 미국 독립 전쟁 등 수많은 전투에서 오른쪽 눈과 팔을 잃었지만 여러 전투에서 승리했지.

통령

모두를 관할하는 관리라는 뜻으로 통령 정부는 1799년부터 1804년까지 프랑스를 이끌었어.

다음 해에도 나폴레옹의 활약은 계속되었어요. 나폴레옹은 이번에는 지중해를 손에 넣기 위해 이집트 원정에 나섰어요. 그렇게 해서 영국의 바닷길을 막으려한 거예요. 비록 영국의 넬슨이 이끄는 함대를 만나 패배하긴 했지만, 육지에서의 전투는 나폴레옹이 승리했어요. 나폴레옹은 결국 이집트의 알렉산드리아와 카이로를 점령할 수 있었어요.

그런데 바로 이즈음 영국은 프랑스에 맞서기 위해 오스트리아, 러시아 등과 제2차 대프랑스 동맹을 맺었어요. 그러고는 곧장 이탈리아를 짓밟고 프랑스 국경까지 다가왔어요. 총재 정부는 이들을 막을 만한 힘이 없었고, 국민도 정부를 믿지 않았어요. 이 소식을 들은 나폴레옹은 이집트를 빠져나와 프랑스로 향했어요.

프랑스에 도착한 나폴레옹은 국내 정세가 어수선한 틈을 타 쿠데타를 일으켰어요. 그리고 총재 정부를 협박했어요.

"앞으로 세 명의 통령이 나라를 이끌게 하십시오."

나폴레옹은 모든 의원들을 내쫓고 자신을 포함한 세 명의 통령이 통치하는 통령 정부를 세웠어요. 나폴레옹은 제1통령으로 임명되었지요. 통령 정부는 처음에는 내정, 외교, 군사를 담당한 제1통령, 사법을 담당한 제2

통령, 재정을 담당한 제3통령으로 이루어져 있었어요. 하지만 제2통령과 제3통령은 점차 역할이 줄어서 사실상 나폴레옹의 1인 독재 시대가 열렸어요. 국민들도 싫어하지만은 않았어요. 프랑스 혁명 이후 나라가 너무나 혼란스러워서 강력한 집권자가 있어야 한다는 생각을 하고 있던 참이었기 때문이에요.

나폴레옹은 빠르게 국내 상황을 안정시키며 1800년에는 알프스를 넘어 북이탈리아를 공격했어요. 이어 영국과 아미앵 조약을 맺었어요. 그럼으로써 잠시 동안 평화가 찾아왔어요.

 아미앵 조약

1802년 영국과 프랑스가 프랑스 아미앵에서 맺은 평화 조약이야.

나폴레옹의 영토 확장

러시아

라인
동맹
(나폴레옹
복속국)

오스트리아
(나폴레옹 동맹국)

프랑스
(나폴레옹 제국령)

에스파냐

〈나폴레옹 법전〉
나폴레옹 주도로 프랑스 변호사들이 만들었다. 오늘날 법전의 근거가 된 세계 3대 법전 (유스티니아누스 법전, 함무라비 법전, 나폴레옹 법전) 중 하나이다.

이때 나폴레옹은 군인이 아닌 정치가로서 여러 가지 정책을 펼쳤어요. 반대파를 철저하게 억누르면서 산업을 보호하고 교육 제도를 바로 잡는 데도 힘썼어요. 관리도 신분과 출신을 묻지 않고 능력에 따라 뽑았어요. 그렇게 뽑힌 관리들은 나폴레옹에게 충성을 바쳤지요.

1804년에는 〈나폴레옹 법전〉을 만들어 널리 알렸어요. 여기에는 모든 사람이 평등하고 자유롭게 종교를 선택할 수 있으며 재산을 보장받는다는 내용이 들어 있었어요. 훗날 수많은 나라가 이 법전을 모범으로 삼아 법을 만들었지요. 나폴레옹은 이 법전을 자랑스러워했어요. 법전을 내놓으면서 이런 말을 남겼지요.

"나의 영광은 내가 전쟁에서 이긴 데 있지 않다. 진짜 영광은 내가 만든 법전에 있다."

이런 덕분에 나폴레옹은 시민들에게 크게 지지를 얻었어요. 그리고 마침내 그해 국민 투표에 따라서 자손에게 자리를 물려줄 수 있는 황제가 되었지요.

성대한 대관식을 치르고 황제가 된 나폴레옹은 프랑스의 영토를 더 넓히는 데 관심을 가졌어요.

나폴레옹은 특히 영국으로 갈 기회를 노렸지만, 트라

팔가르 해전(30쪽)에서 지는 바람에 뜻을 이루지 못했어요. 반면 육지에서는 빈을 완전히 점령하고, 오스트리아와 러시아의 황제가 거느린 연합군을 오늘날 체코 남동부의 아우스터리츠에서 물리쳤어요. 그 때문에 오스트리아는 남부 독일과 이탈리아를 프랑스가 지배하게 둘 수밖에 없었어요. 영국은 홀로 고립되었지요.

나폴레옹은 이탈리아와 네덜란드에 각각 왕국을 세운 뒤, 라인강 오른쪽 16개의 작은 나라를 묶어 라인 동맹을 맺도록 했어요. 나폴레옹은 스스로 그 지역의 보호자가 되었지요. 뿐만 아니라 프로이센과도 싸워 영토의 반 이상을 빼앗았어요. 폴란드에는 바르샤바 대공국을 세웠어요.

이처럼 나폴레옹의 군대는 아주 강했어요. 전쟁터에

라인 동맹

신성 로마 제국에 속했던 작은 나라들이 떨어져 나와 이루어진 모임이야. 나폴레옹의 뜻대로 움직였어.

황제가 된 나폴레옹
나폴레옹이 직접 대관식을 계획하고 비용을 아끼지 않았다. 대관식에서 노트르담 대성당의 황금 의자에 앉아 스스로 황금 왕관을 써서 황제가 되었다고 선포했다.

– 다비드 〈나폴레옹의 대관식〉

**영국과 프랑스의 대결,
트라팔가르 해전**

1805년 에스파냐 트라팔가르
곶 서해안에서 넬슨의 영국
함대와 프랑스–에스파냐 연합
함대가 싸운 전투이다.

– 클락슨 스탠필드
〈트라팔가르 해전〉

서 포를 쏘는 포병을 효과적으로 활용했고, 빠르게 이
동하도록 훈련시켰어요. 그래서 적은 병력으로도 많은
적을 무찌를 수 있었지요.

이즈음에는 상당히 많은 유럽 나라가 나폴레옹의 지
배 아래에 있어야 했답니다.

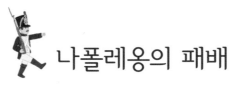 나폴레옹의 패배

나폴레옹에게 영국은 눈엣가시였어요. 유럽의 나라
들 중 절반이 프랑스에 무릎을 꿇었는데도, 영국만은

나폴레옹에게 저항하고 있었으니까요. 그래서 나폴레옹은 전쟁이 아닌 다른 방법을 쓰기로 했어요.

"이제부터 영국 배는 유럽 대륙의 항구에 들어와선 안 되오. 유럽 대륙의 배 역시 영국에 가지 마시오. 상품도 수입해선 안 되오."

유럽 나라들이 영국과 물건을 사고팔지 못하게 한 거예요. 이러한 명령을 대륙 봉쇄령이라 해요.

이 방법이 처음에는 효과를 보는 듯했어요. 하지만 금세 문제점이 드러나기 시작했어요. 유럽 대륙의 여러 나라들이 생활에 꼭 필요한 물건을 영국에서 사들이지 못하면서 생활이 어려워지기 시작한 거예요. 영국으로 수출을 하던 나라도 마찬가지였어요. 그러자 나폴레옹에 대한 반발심이 커지기 시작했어요. 그 반발심은 나폴레옹과 프랑스의 간섭으로부터 벗어나겠다는 생각에 이르게 했지요.

프로이센에서는 철학자 피히테가 독일 국민에게 고함이라는 강의를 통해 애국심을 불러일으켰어요. 포르투갈은 영국과의 무역을 통해 많은 이익을 남기던 나라여서 나폴레옹의 말을 듣지 않았어요. 그런 중에 러시아도 이전에 프랑스와 맺은 평화 조약이 무효라고 선언했어요. 러시아의 황제 알렉산드르 1세(32쪽)는 귀

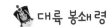

대륙 봉쇄령

1806년 베를린 칙령과 1807년 밀라노 칙령으로 내려졌어. 1812년에 그 효력을 잃게 되지.

독일 국민에게 고함

1807년 겨울부터 1808년 3월까지 베를린 학사원 강당에서 한 강연으로 후에 책으로 출간되었어.

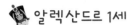 알렉산드르 1세

1801년부터 1825년까지 통치하면서 러시아에 대학을 새로 세우고 근대의 교육 제도를 들여왔지.

족들이 영국에 곡물을 내다 파는 일을 눈감아 주고 있던 참이었지요.

안 되겠다 싶은 생각에 나폴레옹은 러시아를 다시는 꼼짝 못하게 만들어야겠다고 다짐했어요.

1812년 6월, 나폴레옹은 동맹국 군대를 포함해 약 60만의 군대를 모아 러시아로 향했어요. 나폴레옹의 군대는 빠르고 집중력이 강했어요. 적을 만나면 적보다 한 걸음 먼저 공격해 단번에 전투를 끝내는 식이었어요. 그래서 짧은 기간의 전투에 강했지요. 나폴레옹은 그런 자신의 군대를 믿었고, 이전에도 러시아를 물리친 경험이 있어서 오래지 않아 전쟁이 끝날 것이라 생각했어요.

"병사들아, 러시아군은 우리의 군대가 오는 것만 보고도 항복할 것이다. 어서 앞으로 나아가라!"

정말 그랬을까요? 러시아군은 나폴레옹 군대를 보자마자 물러나기 시작했어요. 그 모습을 본 프랑스군은 쉼 없이 러시아군의 뒤를 쫓았어요.

9월 초 모스크바 서쪽 보로디노에서의 전투 이후 9월 14일, 나폴레옹의 군대는 아무런 저항을 받지 않고 모스크바에 다다랐어요. 나폴레옹은 크렘린 궁전을 본부로 삼아 다음 전투를 준비했지요. 하지만 도시에는 아

무엇도 없었어요. 더구나 그날 밤, 갑자기 도시가 불타
오르더니 며칠 만에 도시의 절반이 불에 타서 잿더미
가 되고 말았어요. 그 탓에 병사들은 잠을 잘 곳도, 먹
을 것도 구하기 힘들어졌어요. 이것은 나폴레옹 군대를
괴롭히려는 러시아군의 작전이었던 거예요.

하는 수 없이 나폴레옹은 알렉산드르 1세에게 사람
을 보내 평화 조약을 맺자고 제안했어요. 하지만 답은
오지 않았어요. 이때 알렉산드르 1세는 신하들에게 이
렇게 말하고 있었어요.

"우리에게는 물러날 곳이 얼마든지 있다. 우리는 겨
울이 다가오면 싸움을 시작할 것이다!"

그런 것도 모른 채, 나폴레옹 군대는 겨울을 맞고 있

모스크바의 크렘린 궁전
12세기에 처음 지어진 이후
18세기 초 상트페테르부르크에
궁전이 만들어지기 전까지
대공과 황제가 머물던
궁전이다.

었어요. 모스크바의 겨울은 다른 어떤 곳보다 빠르고 매섭게 닥쳤어요. 10월이 되자, 낌새를 눈치챈 나폴레옹 군대가 되돌아가기 시작했어요.

그러나 프랑스로 되돌아가는 일마저도 쉽지 않았어요. 굵은 눈송이와 영하 30도의 날씨 때문에 수많은 병사가 얼어 죽었고, 먹을 것이 없어서 굶어 죽는 병사도 많았어요. 그런가 하면 뒤에서는 러시아군이 쫓아왔어요. 간혹 숨어 있던 러시아 농민들이 갑작스럽게 공격해 오기도 했어요. 그때마다 프랑스군은 낙엽처럼 쓰러져 갔어요. 프랑스 병사들은 동료의 시체를 밟고 밟으며 후퇴해야 했지요.

이즈음 나폴레옹은 직접 일기에 이렇게 기록했어요.
"추위는 11월 7일부터 본격적으로 시작되었다. 그날부터 밤마다 수백 마리의 말을 잃었다. 11월 중순에는 영하 15도 이하가 되었고, 약 4만 마리의 말이 얼어 죽었다. 기병들조차 걸어서 후퇴해야 했다. 결국 전투를 할 수 없는 지경에 이르고 말았다."

프랑스군이 러시아와 폴란드의 국경선인 베레지나 강에 도착했을 때 이미 많은 병사가 죽어 적은 수의 병사만 남았어요.

게다가 12월 초, 프랑스에서 쿠데타가 일어났다는 소

식이 들려왔어요. 나폴레옹은 고작 몇 명의 부하들만 데리고 급히 파리로 돌아와야 했어요.

　나폴레옹의 러시아 원정 실패는 유럽 여러 나라에게 용기를 주었어요. 마침내 1813년, 프로이센은 러시아와 제6차 대프랑스 동맹을 맺고 프랑스에 선전 포고를 했지요. 그러자 영국과 오스트리아도 함께 프랑스와 싸우기로 결심했어요. 그리고 그해 10월, 라이프치히 전투에서 나폴레옹은 동맹군에 크게 지고 말았어요. 결국 이듬해에는 동맹군이 파리에 들어서게 되었고 마침내 나폴레옹은 엘바 섬으로 유배를 가게 되었어요.

라이프치히 전투
- - - - - - - - - - - - - - - -
10월 16일부터 18일까지 독일 라이프치히에서 프랑스군과 동맹군이 벌인 전투야.

나폴레옹의 유배지, 엘바섬의 빌라 데이 물리니
나폴레옹이 머물던 건물이다. 엘바섬은 이탈리아 서해안에 있는 섬으로 유럽에서 가장 아름다운 해양 공원이다.

엘바섬은 바위투성이 작은 섬이었어요. 그곳에서 나폴레옹은 어머니를 모시고 관리 몇 명과 한동안 살았어요. 나폴레옹은 작은 궁전 앞의 꽃밭을 가꾸고 도로를 고치고, 다리를 놓으며 시간을 보냈지요. 그러나 점차 살기 힘들어졌어요. 관광객이 들이닥쳐 나폴레옹을 조롱했거든요.

그러는 사이 프랑스에서는 나폴레옹이 떠난 자리에 루이 16세의 동생인 루이 18세가 즉위했어요. 하지만 루이 18세는 아주 무능했고, 심지어 국왕인 자신을 높이 떠받들어야 한다고 국민에게 요구했어요. 그 때문에 루이 18세는 국민들에게 믿음을 잃었어요.

바로 그즈음, 나폴레옹은 프랑스에 남아 있던 옛 부하들에게 편지를 썼어요. 그들 중 몇에게서 답장이 돌아왔어요.

"황제 폐하, 얼른 돌아와 이 무능한 왕을 내쫓고 프랑스의 영광을 되찾아 주십시오."

편지를 받은 나폴레옹은 엘바섬을 탈출해 고작 600명의 군사를 이끌고 파리로 갔어요. 이때 일부 프랑스군이 앞을 막았지만, 나폴레옹은 당당하게 외쳤어요.

"나는 너희의 황제이다. 너희의 지도자들도 나를 따르기로 했다. 누가 나를 해칠 것이냐?"

그러자 병사들은 무기를 내려놓고, 오히려 그를 따랐어요. 뿐만 아니라 거리의 시민들도 '황제 만세!'를 외치며 환영했어요. 이 소식을 들은 루이 18세는 급히 여러 장군을 보내 나폴레옹을 막으려 했어요. 하지만 오히려 그 장군들도 끝내는 나폴레옹 곁으로 넘어가고 말았지요.

결국 루이 18세는 파리에서 달아났고, 나폴레옹은 단 한 발의 총도 쏘지 않고 다시 황제의 자리에 앉았어요.

이 소식은 주변의 여러 나라들에도 알려졌고, 영국과 프로이센과 오스트리아는 제일 먼저 프랑스 국경에 군대를 보냈어요. 이에 나폴레옹도 군사를 모아 영국군이 기다리고 있던 워털루로 향했어요.

워털루에서 나폴레옹은 웰링턴 공이 지휘하는 영국

워털루

오늘날 벨기에 브뤼셀 남쪽에 있는 마을이야.

웰링턴 공

1769년 아일랜드에서 태어나 군인으로 여러 전투에 참전했어. 워털루 전투 이후 영국의 총리가 되었지.

군과 맞붙었어요. 병사의 숫자도 비슷했기 때문에, 전투는 막상막하였어요. 어느 쪽으로도 기울어지지 않았지요. 그런데 마침내 영국군을 돕기 위해 나타난 프로이센군 때문에 프랑스군은 밀려나기 시작했어요.

마침내 프랑스군은 위기에 몰렸고, 나폴레옹은 그만 전투에 지고 말았어요.

나폴레옹은 파리로 돌아와 황제의 자리를 포기한다는 문서를 쓰고 조용히 떠났어요. 나폴레옹이 엘바섬에서 돌아온 지 꼭 100일이 되는 날이었지요. 그래서 나폴레옹이 황제로 잠시 머무르고 있던 이때를 '백일천하'라고도 불러요.

베토벤과 나폴레옹의 인연

베토벤은 독일의 작곡가였어요. 베토벤은 독일과 오스트리아의 왕정이 탐탁지 않았지요. 그런데 오스트리아 빈에 있던 프랑스 대사에게서 나폴레옹에 대해 듣게 되었어요. 베토벤은 나폴레옹이 자유를 전파하는 영웅 같다는 생각이 들었어요. 그래서 자신의 곡을 나폴레옹에게 헌정하기로 했어요. '보나파르트 교향곡'이라 이름 붙여서요. 하지만 나폴레옹이 스스로 황제가 되었다는 소식을 듣고 크게 실망하고 말았어요. 그래서 '보나파르트 교향곡'이라는 제목을 지워 버렸답니다. 훗날 사람들은 이 곡을 '영웅 교향곡'이라 이름 붙였어요.

나폴레옹은 이번에는 절대 탈출할 수 없는 대서양의 외딴섬 세인트헬레나로 귀양을 갔어요. 그리고 1821년 그곳에서 생애를 마쳤답니다.

세인트헬레나

아프리카 대륙 서해안으로부터 1,900킬로미터 떨어진 바다 위의 섬으로 영국 식민지였어.

나폴레옹의 정복 활동이 유럽에 어떤 영향을 끼쳤을까?

바스티유 감옥의 비밀

바스티유는 원래 작은 요새를 뜻하는 '바스티드'란 말에서
비롯되었어요. 1370년경 영국의 공격으로부터
파리를 보호하기 위해 처음 지어졌어요.

어떻게 쓰였나?

바스티유를 감옥으로 사용하기 시작한 사람은
루이 13세 아래에서 추기경을 지낸 루이 리슐리외였어요.
이후에는 금지된 책을 보관하기도 했어요.

나 볼테르도
바스티유에
갇힌 적이 있어.

접근 금지!

바스티유 감옥 둘레는 24미터 너비의 해자(적을 막기 위해
만든 인공 연못)로 둘러싸여 있지요.

고작 일곱 명이 갇혀 있었다고?
프랑스 혁명 당시 시민들이 습격한 바스티유 감옥에는
몇 명의 죄수가 갇혀 있었을까요? 수십 명? 수백 명?
뜻밖에도 당시 감옥에 수용되었던 죄수는 모두 일곱 명뿐이었어요.
더구나 이들 중에는 정신 이상자도 둘이나 있었답니다.

아주 거대했다고?
30미터 높이의 탑 8개가 같은 높이의 벽으로
이어져 있어요.

무기를
내 놔라!

2장 유럽 시민 사회의 발전

빈 회의 이후의 유럽

빈 조약 이후에 독립한 나라 ●
프랑스 혁명의 영향 →

네덜란드
영국
프로이센
폴란드
러시아
7월 혁명(1830)
2월 혁명(1848)
오스트리아 제국
스위스
프랑스
이탈리아
오스만 제국
포르투갈
에스파냐
그리스

나는 이탈리아에 사는 안드레아야. 고작 열다섯 살이지만, 아빠와 엄마를 도와서 독립 운동을 하고 있어. 아빠와 엄마는 다른 사람들과 함께 비밀 조직을 만들어 강대국의 지배에서 벗어나려고 독립 운동을 하고 있거든. 나는 아빠의 친구들에게 비밀이 담긴 쪽지를 전달하거나, 망을 보곤 해. 대단한 일은 아니지? 하지만 나는 내가 하는 일이 자랑스러워. 언젠가 우린 독립할 거고, 나라를 갖게 될 테니까!

민족주의와 자유주의의 확산

나폴레옹이 무너진 후, 유럽 여러 나라의 대표들이 오스트리아 수도 빈에서 모였어요(빈 회의).

"힘을 합해 프랑스 혁명 이전으로 돌아갑시다!"

왕과 귀족들은 한결같이 주장했어요. 실제로 나폴레옹이 유럽을 뒤흔들면서 각 나라의 국경선을 없애거나 마음대로 정해서 이를 되돌려 놓을 필요가 있었지요. 게다가 프랑스 혁명의 영향으로 자유와 평등에 대한 시민들의 목소리가 한껏 높아져 있어서 나라를 다스리는 데에도 어려움을 겪고 있었어요.

특히 오스트리아의 재상이었던 메테르니히는 이 회의를 주도하면서 모든 개혁이 평화와 안정을 위협한다고 주장했어요. 메테르니히는 새로운 것보다는 전통을 지키려 했어요. 프랑스 혁명으로 크게 자라난 시민 의식을 없애 버리고 국왕과 귀족 등 지배 계층의 명예와 힘을 되찾고 싶어 했어요.

메테르니히가 이렇게 시대의 흐름을 거스르는 생각을 갖게 된 데는 이유가 있었어요. 오스트리아는 오스트리아와 폴란드, 체코슬로바키아, 북이탈리아, 루마니아 같은 여러 민족과 나라가 모두 합쳐진 합스부르크

빈 회의

1814년부터 1815년까지 빈에서 열렸어.

합스부르크 제국

오스트리아, 헝가리, 체코 등 합스부르크 가문이 다스리던 나라를 통틀어 이르는 말이야. 대체로 합스부르크 제국의 왕이 신성 로마 제국의 왕을 겸했지만, 신성 로마 제국과 합스부르크 제국은 다르단다.

제국을 유지해야 했기 때문이에요. 여기에 민족주의가 스며들어 민족마다 자유를 주장하면 그러지 못할 게 뻔했지요.

그 때문에 유럽 각국은 자유주의와 민족주의를 내세우는 프랑스 혁명 정신이 널리 퍼져 나가지 못하도록 막으려 애썼어요. 비밀경찰의 수를 늘리고 책과 신문 같은 언론을 감시하는 검열 제도를 더 강화했지요.

그러나 여러 나라에서 이에 맞서는 움직임이 일어났어요.

1820년, 에스파냐에서는 남아메리카로 보내질 예정이던 군인들이 반란을 일으켰어요. 형편없이 낮은 급료와 대우 때문이었어요. 겁이 덜컥 난 국왕은 시민의 자유를 일부 인정해 주는 헌법을 승인했지요.

하지만 유럽 각국은 이 헌법이 가까운 여러 나라에 자극을 줄 거라고 생각했어요. 이에 따라 프랑스가 나서서 에스파냐로 군사를 보내 반란 세력을 억누르고 새 헌법을 없앴어요.

1821년에는 북이탈리아에서 오스트리아의 혹독한 억압에 맞서 소요가 일어났어요. 오스트리아의 영향에

유럽을 예전으로 되돌린 메테르니히
1773년 오늘날 독일 서부에서 태어나 1809년 오스트리아의 재상이 되었고 나폴레옹을 무너뜨리기 위해 힘썼다.

민족주의
- - - - - - - - - - - - - - - - - -
민족이 독립하고 통일을 이루기를 바라는 생각이야.

소요
- - - - - - - - - - - - - - - - - -
여러 사람이 들고 일어나 소동을 일으키는 걸 말해.

절대 군주 제도

절대 군주가 나라의 모든 권력을 제한 없이 마음대로 사용하는 정치 제도야.

전제 정치

한 사람이 백성의 뜻이나 헌법의 제한을 받지 않고 나라를 다스리는 일을 말해.

서 벗어나 이탈리아의 주권을 되찾으려는 시민들의 시도였지요. 하지만 이때도 절대 군주 제도를 지키고자 하는 지도자들이 아주 가혹하게 이들을 억눌렀어요. 소요를 일으켰던 지도자들을 모두 처형했고, 함께한 사람 대부분을 감옥에 집어넣었어요.

1825년에는 러시아에서도 자유주의를 내세우는 반란이 일어났어요. 프랑스 혁명 사상에 찬성하는 비밀 조직이 이끈 이 반란은 러시아 황제가 마음대로 다스리는 전제 정치에 반기를 들었지요. 하지만 본격적인 반란 전에 발각되어 목적을 이루지는 못했어요.

러시아 황제 니콜라이 1세는 국민에게 자유주의 사상이 스며들지 못하도록 책이나 신문 등을 더욱 더 철저하게 감시하고, '제3부'라는 비밀경찰 조직을 새로 만들어 의심스러운 인물을 감시하고 잡아들이도록 했어요.

한편 이미 전 유럽에 퍼져 있던 프랑스 혁명 사상은 그리스에서도 불타올랐어요. 오랫동안 오스만 제국의 지배를 받던 그리스가 독립 전쟁을 일

으킨 거예요. 이때, 유럽의 여러 나라들은 그리스를 도울 것인지를 두고 서로 눈치를 보았어요.

"그리스의 독립을 도와서는 안 됩니다. 그리스가 독립하면 다른 나라에 영향을 미칠 수가 있어요."

메테르니히는 그렇게 주장을 펼쳤어요. 하지만 러시아는 그리스를 돕기로 결정했어요. 그리스와 좋은 관계를 유지하면 지중해로 나갈 수 있을 거라는 믿음 때문이었지요. 이를 본 영국과 프랑스는 러시아가 지중해로 나오면 큰 위협이 될 거라 생각하고, 덩달아 그리스에 지원군을 보냈어요. 이런 덕분에 그리스는 독립할 수 있었어요.

결국 메테르니히가 빈 회의에서 주장한 반민족주의와 반자유주의는 서서히 무너져 가고 있었어요. 그러던 차에 혁명의 본 고장인 프랑스에서 또 다른 혁명의 싹이 움트고 있었어요.

나폴레옹 이후 다시 왕정으로 돌아갔던 프랑스는 루이 18세의 뒤를 이어 샤를 10세(48쪽)가 통치하고 있었지요. 이때, 프랑스 혁명 기간 중 나라 밖으로 도망갔던 귀족들이 돌아와 특별한 권리를 요구하고 자신들이 받은 피해를 보상해 달라고 했어요.

"프랑스 혁명 이전으로 돌아가야 합니다."

니콜라이 1세

알렉산드르 1세의 동생으로 1825년 러시아 황제 자리에 올랐어. 유럽에서 가장 잘생긴 왕으로 꼽히기도 했어.

**옛 왕정을 꿈꾼
샤를 10세**
루이 16세와 루이 18세의
동생으로 1824년 프랑스
왕위에 올랐다.
프랑스 혁명을 억누르고
예전 왕과 귀족 중심의
왕정으로 돌아가려 했다.

– 헨리 본 〈샤를 10세〉

그러자 샤를 10세는 이들의 이익을 보장하는 정책들을 하나씩 만들기 시작했어요. 프랑스 혁명 당시 재산을 빼앗겼던 귀족들에게 재산을 돌려주고 배상하는 법을 통과시킨 거예요.

이런 샤를 10세의 정책에 시민들은 크게 반발했어요.

"샤를 10세는 시민들을 조금도 생각하지 않습니다. 우리의 힘을 보여 주어야 해요!"

결국 1830년, 샤를 10세의 정책에 불만을 가진 시민들은 선거를 통해서 시민층 의원들을 압도적으로 당선시켰어요. 이에 샤를 10세는 깜짝 놀랐지요.

샤를 10세는 의회를 해산시키고 시민들의 참정권을 빼앗았어요. 뿐만 아니라 출판과 언론을 엄격하게 관리했어요.

결국 시민과 학생 노동자가 다시 일어섰어요.

"샤를 10세를 몰아내자!"

혁명군은 파리 거리에서 시위를 하고 방어벽을 세우며 똘똘 뭉쳐서 샤를 10세와 맞섰어요. 샤를 10세는 군대를 보내 혁명군을 물리치려 했어요. 그러던 차에, 국왕군에서 떨어져 나온 군대까지 합세하여 혁명군은 더욱 큰 힘을 얻게 되었지요.

혁명군은 물러서지 않고, 정부군과 전투를 벌였어요. 그 과정에서 많은 파리의 시민들이 다치거나 죽었어요. 하지만 마침내 시민들은 샤를 10세를 왕의 자리에서 끌어내리는 데 성공했어요.

"프랑스는 이제 국왕이 필요 없습니다. 공화정을 실시해야 합니다."

일부의 시민들이 그런 주장을 하기도 했지만, 그 뜻이 이루어지지는 않았어요. 대신 루이 필리프가 샤를 10세의 뒤를 이어 왕위에 올랐지요. 이를 7월 혁명(50쪽)이라 불러요.

이런 프랑스의 또 다른 혁명은 이웃 나라 벨기에를 자극했어요.

벨기에는 빈 회의의 결정에 따라 네덜란드 아래에 속해 있었어요. 벨기에의 국민들은 꾸준히 독립을 원했어요. 마침내 1830년 8월 25일, 브뤼셀에서 독립 운동을 시작했어요. 메테르니히는 빈 회의에 참석했던 여러 나라에 도움을 청했지만, 섣불리 나서는 나라가 없었어요. 러시아는 내부의 문제로 간섭할 여유가 없었고, 영

 루이 필리프
- - - - - - - - - - - - - - - - - - - -
1830년 7월 혁명으로 왕이 되어 1848년 2월 혁명 전까지 왕위에 있었어.

브뤼셀
- - - - - - - - - - - - - - - - - - - -
오늘날 벨기에의 수도야.

**보수적인 왕정을
무너뜨린 7월 혁명**
1830년 절대 왕정으로
돌아가려 하는 샤를 10세에
맞서 일어난 프랑스 시민
혁명이다. 그 결과 시민군이
이겨서 루이 필리프가 이끄는
입헌 군주제 정부가 세워졌다.

– 들라크루아
〈민중을 이끄는 자유의 여신〉

국과 프랑스는 더 이상 메테르니히와 생각이 맞지 않
았지요.

드디어 1839년 벨기에는 독립을 이룰 수 있었어요.

이외에도 이루어지지는 않았지만, 1830년 11월에 폴
란드가 러시아에서 벗어나기 위해 독립 운동을 일으켰
고, 이탈리아에서도 비밀 결사 조직이 이탈리아의 독립
을 위해 꾸준히 독립을 시도했어요.

이처럼 프랑스 혁명 이후, 유럽의 시민 의식은 크게
자라 있었답니다.

시민의 성장

프랑스 혁명 이후 끊임없이 소요가 일어나고 혁명의 기운이 싹튼 비결은 시민 의식이 성장했기 때문이에요. 하지만 경제적인 원인도 있었어요. 이즈음 아일랜드에서는 감자 뿌리가 마르는 병이 유행했고, 가뭄까지 유럽을 휩쓸어 굶어 죽는 사람들이 늘어났어요. 이런 사태가 심해지자, 시민들은 정부를 탓했어요.

"우리가 이토록 살기 힘든 건 국왕과 귀족들이 자기들 배만 불리기 때문이에요."

실제로 귀족들은 여전히 온갖 부와 특별한 권리를 독차지하고 있었어요. 시민들에게는 그런 현실을 바꿀 만한 아무런 힘이 없었어요. 그래서 사람들은 더욱 정치 변화에 민감할 수밖에 없었어요.

이즈음 프랑스의 루이 필리프 정부 아래에서는 시민 중 거의 대부분은 참정권이 없었어요. 몇 안 되는 부유한 은행가, 혹은 상인과 귀족만이 정치에 참여할 수 있었지요. 시민들이 여러 번 투표권을 요구하자, 당시 수상이던 기조는 비웃기만 했어요.

"투표권을 갖고 싶다고요? 그럼 우선 부자가 되면 됩니다. 어서 부자가 되십시오. 하하!"

기조

- - - - - - - - - - - - - - - - - -
7월 혁명 이후 루이 필리프 정부에서 내무부 장관, 외무부 장관, 수상으로서 나라를 이끌었어.

그러자 지식인들을 중심으로 한 반정부 세력은 루이 필리프 황제를 암살하려고 시도했어요. 하지만 번번이 실패로 끝났어요. 이에 맞서 정부는 언론을 탄압하고, 시민 단체들을 해산시켰어요. 물론 시민들은 이런 루이 필리프를 더욱 거세게 비난했지요.

이런 틈을 타서 사회주의자가 활동하기 시작했어요.

"경쟁이 너무나 심한 자본주의를 없애고 정부가 협동 작업장을 만들어야 합니다."

사회주의자였던 루이 블랑은 이렇게 주장을 하여 시민들에게 인기를 얻었어요. 특히 노동자들에게 큰 관심을 불러일으켰지요.

하지만 정부는 이런 주장에 관심이 없었어요. 오히려 시민들이 모이면 강제로 흩어 버리기 일쑤였지요. 그러자 학생과 노동자가 중심이 된 시민 세력은 1848년 2월, 파리 시내에 다시 방어벽을 만들었어요. 깜짝 놀란 루이 필리프는 기조를 수상 자리에서 물러나게 하여

사회주의자

생산 수단을 개인이 아닌 사회가 갖고 관리하여 자유와 평등, 정의를 이룩해야 한다고 한 사람들이야.

루이 블랑

1830년대 프랑스에서 기자로 활동했어. 사회주의자로서 2월 혁명 이후 정치에 나섰단다.

시민들을 달래려 했지만 소용이 없었어요. 오히려 시위는 더욱 크게 번졌지요.

그러다가 시위를 억누르기 위해 나선 군대가 총을 쏘는 바람에 성난 시민들과 군대가 충돌했어요. 이 때문에 수십 명의 시민이 목숨을 잃었고 마침내 혁명의 불길이 타올랐어요. 결국 왕정은 무너지고 새 정부가 들어섰어요. 이를 2월 혁명이라 해요.

하지만 그럼에도 시민들의 삶은 그다지 나아지지 않았어요. 새 정부는 예전처럼 귀족과 부유한 사람을 감쌌고, 노동자와 농민 같은 하층민들을 돌보지 않았지요. 귀족들은 여전히 배부르고 편안하게 지냈어요.

정부가 이런 차이를 줄이기 위해 임시로 나라가 운영하는 작업장을 만들어 노동자의 일자리를 마련하기도 했어요. 하지만 근본적인 해결 방법은 아니었어요. 게다가 지배층이 앞장서 문을 닫아 버렸지요.

"노동자들에게 그런 기회를 주면, 과격한 생각이나 배울 뿐입니다."

2월 혁명

1848년 2월 시민들이 선거권을 요구하며 일어났어. 이를 계기로 루이 필리프가 이끄는 왕정이 무너지고 공화주의 정부가 들어섰지.

결국 노동자들은 정부와 지배층의 태도에 화가 나서 그해 6월 다시 방어벽을 만들고 시위를 했어요.

"모든 재산을 평등하게 다시 나누어야 합니다!"

하지만 너무나 과격한 주장이다 보니 노동자 말고 다른 계층 사람들은 동의하지 않았어요. 그 때문에 노동자들의 시위는 금세 진압되고 말았지요.

프랑스에서 일어난 또 한 번의 혁명은 같은 해에 독일 지역까지 영향을 미쳤어요.

이즈음 독일 역시 경제 위기가 심해지면서 하층민들은 지배층에 대한 불만이 쌓여 폭발 직전이었어요.

특히 수공업자의 불만이 가장 컸어요.

"공장제 생산 방식이 우리 수공업자를 벼랑으로 내몰았어요."

"맞아요. 우리는 주문을 받은 뒤에야 물건을 만드는데, 공장제 방식은 값싼 물건을 언제라도 내놓잖아요. 도통 경쟁할 수가 없어요. 정부가 이 문제를 해결해 줘야 합니다."

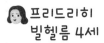

프리드리히 빌헬름 4세

1840년에 프로이센 왕위에 올랐어. 교양 있는 왕으로 '왕위의 낭만주의자'로 불리지만 나라를 이끄는 능력은 부족했지.

그러자 일부 지역의 지배층들은 검열을 좀 더 약하게 하고 의회를 세우며 조금씩 사회를 바꿔 나가려 했어요. 하지만 프로이센의 프리드리히 빌헬름 4세는 이것을 못마땅하게 생각했어요. 프리드리히 빌헬름 4세는

오히려 베를린에서 일어난 시민들의 시위를 억누르려
했어요.

시민들은 정부군의 공격에도 굴복하지 않았어요. 결
국 프리드리히 빌헬름 4세는 시민들의 뜻대로 의회 제
도를 만들고 헌법을 만들겠다고 약속했어요.

이런 결과로 '프랑크푸르트 국민 의회'가 만들어졌어
요. 자유주의에 입각하여 독일 통일을 이루기 위한 의
회 기구였지요. 하지만 이 의회에는 교육받은 중산층이
참여했고, 하층민들은 참여할 수가 없었어요.

**프랑크푸르트 국민 의회가
열린 곳**
프랑크푸르트 국민 의회는
법을 만드는 입법 기관으로
1848년부터 1849년까지
파울 성당에서 모였다.

불만을 품은 과격한 시민
들은 '공화정 수립'을 주장
하면서 시위에 나섰어요. 하
지만 그것만은 받아들여지
지 않았어요. 프리드리히 빌
헬름 4세는 다시 군대로 이
들을 억눌렀지요.

한편, 합스부르크 제국 곳
곳에서 독립의 기운이 불타
올랐어요.

오스트리아의 빈에서는
루이 필리프가 물러났다는

사실에 자극을 받은 시민들이 모여 프랑스의 헌법처럼 헌법을 만들고 비밀경찰을 없애 달라고 했어요.

그러자 1848년 8월 새 헌법을 만들기 위해 의회가 모였고, 농노제가 폐지되었어요. 하지만 시민 세력들이 잠시 한눈을 팔자 합스부르크 정부는 그해 10월에 빈을 포위하고 대학생과 가난한 반정부 세력을 진압해 버렸어요.

합스부르크 정부가 또 골머리를 앓은 지역은 헝가리였어요. 이 지역에서 하층 귀족 출신의 코슈트가 주도하는 독립 운동이 일어났기 때문이에요. 물론 합스부르크 제국은 러시아의 군대까지 요청해 이를 막았지만, 곳곳에서 일어나는 시민들의 요구에 제국의 단결력은 계속 약해지고 있었어요.

시칠리아와 밀라노, 그리고 베네치아마저도 계속 독립하려 했답니다.

급진적인 자유주의자, 코슈트
헝가리의 정치가로 1848년 헝가리 혁명으로 독립을 이끌었다. 러시아 군대에 진압된 뒤 외국에서 민족 운동을 했다.

낭만주의, 이성보다 감정

절대 왕정 시대부터 유행했던 계몽주의는 무엇보다 인류와 사회의 발전에 가장 큰 초점을 두고 있었어요. 그에 비해 한 사람의 생각과 사상이나 감정은 중요하게 여기지 않았지요. 19세기가 되자 이러한 계몽주의는 심하게 비판받게 되었어요.

"계몽주의는 인간을 영혼 없는 기계로 만들었고, 창조적 능력을 마비시켰다!"

앞장서 이런 비판을 한 사람들은 낭만주의자들이었어요.

낭만주의자들은 이성보다는 감정이 더 중요하고, 집단의 이익보다는 개인의 행복이 먼저라는 생각을 품고 있었지요. 그래서 개인의 자유와 개성을 더 강조했어요. 낭만주의자들은 "자기 자신의 감정이 이끌리는 대로 마음껏 행동하라!"고 충고하기도 했지요.

인간의 감정을 잘 표현한 키츠나 워즈워스와 같은 시인들이 영국에서 많이 나왔어요. 그런가 하면 월터 스콧은 기사의 모험 이야기를 담은 《아이반호》라는 소설을 썼어요. 인물들에 대한 묘사가 뛰어났지요. 이웃 프랑스에서는 빵 한 조각을 훔친 죄로 19년이나 감옥에

 키츠

영국의 낭만파 시인으로 아름다움을 추구하는 시를 주로 썼단다.

워즈워스

영국의 낭만파 시인으로 시골 가난한 사람들의 언어로 시를 써야 한다고 생각했어.

빅토르 위고

1802년 프랑스에서 태어난 19세기 프랑스의 대표적인 낭만주의 작가로 한때 정치에 몸담기도 했어.

안데르센

1805년 덴마크에서 태어났어. 배우를 꿈꾸다가 작가의 길로 들어섰지.

서 살아야 했던 장 발장의 이야기 《레 미제라블》이 발표되었어요. 빅토르 위고가 쓴 이 책은 사람을 소중하게 여기는 작품으로 평가받았지요. 프랑스의 낭만주의를 대표하는 작품이에요.

덴마크에서 동화 작가 안데르센의 작품이 발표된 것도 이 무렵이었어요. 시인으로도 유명했던 안데르센은 〈인어 공주〉, 〈벌거벗은 임금님〉, 〈미운 오리 새끼〉를 비롯해 약 130여 편의 동화를 써서 따뜻하고 아름다운 환상의 세계를 그려 냈어요.

이외에도 낭만주의자들은 전래 동화나 민속놀이 같은 전통문화에도 관심을 기울였어요. 이러한 노력은 나라와 민족을 중요하게 생각하도록 만들었어요. 나아가 자기 민족만의 국가를 이루려는 노력에 작은 밑바탕이 되기도 했지요.

하지만 19세기 중반부터 낭만주의를 비판하며 현실을 적나라하게 드러내려는 문학 작품이 쓰이기도 했어요. 이를 테면 《적과 흑》을 쓴 프랑스 작가 스탕달은 간결한 문체로 당시 사회의 문제점을 아주 예리하게 표현해 냈지요. 영국의 작가 디킨스도 산업 혁명기의 하층민을 세세하게 묘사하여 영국 사회의 어두운 면을 속속들이 비판하기도 했어요. 그리고 러시아의 톨스토이는 《전쟁과 평화》라는 작품을 써서 전쟁의 비참함과 인간의 고민을 잘 드러냈어요.

　음악 역시 절대 왕정 시대의 궁정이나 교회에서 벗어나기 시작했어요. 음악가의 자유로운 감정이 좀 더 담긴 곡들이 연주되었지요. 오스트리아의 슈베르트, 독일의 슈만, 폴란드에서 태어난 쇼팽 등이 낭만주의 음악을 이끌어 갔어요. 뿐만 아니라 오페라도 본격적으로 유행하기 시작해서 이탈리아의 베르디와 로시니가 큰 활약을 펼쳤어요.

　이 무렵에는 무엇보다 과학과 기술이 크게 발전했어요.《종의 기원》을 발표한 다윈도 이때에 활약했지요.

　"생물은 단순한 것으로부터 복잡한 것으로 진화합니다. 또한 생존 경쟁을 하다 보면, 생활 환경에 적합한 것은 살아남고, 그렇지 않은 것은 사라지고 말지요."

다윈

1831년부터 1836년까지 비글호를 타고 태평양의 여러 섬을 다니며 진화론을 생각하게 되었어.

진화

생물이 생겨난 후부터 점점 변해 가는 현상을 말해.

이러한 다윈의 진화론은 생물학에만 영향을 미친 것이 아니었어요. 종교나 사람에 대한 생각도 크게 바꾸었어요.

멘델은 유전 법칙을 처음 밝혀냈고, 러시아의 멘델레예프는 화학의 발달에 큰 도움을 주었어요.

한편, 화로 성능이 좋아지고 제철 기술이 계속 발달하여 중공업이 산업의 핵심이 되었어요. 독일의 디젤은 석유를 연료로 하는 기관을 만들어 냈어요. 노벨은 다이너마이트를 만드는 데 성공했고요. 그리하여 19세기 말에는 전차와 자동차 등이 만들어졌어요. 특히 어릴 때 알을 품은 일화로 유명한 에디슨은 성능이 뛰어난 전신기를 만들어 통신의 혁명을 가져왔어요.

무기도 끊임없이 개발되어 자동식 기관총이 처음 선을

유전 법칙
부모의 생김새나 특성이 자손에게 어떻게 전해지는지 밝힌 규칙이야.

중공업
부피에 비해 무게가 나가는 배, 철강 같은 물건을 만드는 산업을 말해.

사진의 탄생이 궁금해!

프랑스에서 1839년에 사진 기술이 탄생했어요. 프랑스 화가 루이 다게르가 빛이 요오드화은에 비치는 정도에 따라 그림이 생기는 원리를 이용해 종이에 실제와 똑같은 모습을 담는 기술을 발명한 거예요. 빛을 받는 부분과 받지 않는 부분의 화학 작용이 다른 원리를 활용했지요. 이때는 정지해 있는 사물을 찍어야 사진이 나왔어요. 그래서 사람이 모델일 경우에는 10~20분 동안 꼼짝하지 않고 앉아 있어야 했답니다.

보였어요. 그 때문에 이후의 전쟁은 매우 험해졌어요.

이러한 과학 기술의 발달은 사람들이 편리하게 살도록 도와주긴 했지만, 국가들 사이의 경쟁을 심하게 부추기기도 했답니다.

인상파 화가들의 그림

19세기 후반, 빛을 중요하게 여기고 순간적으로 받은
인상을 그림으로 표현하려는 시도가 일어났어요.
이를 인상주의라고 해요. 이 화가들은 실내에서 벗어나 밖으로
나가서 그림을 그리려고 했어요. 대상을 구체적으로 세밀하게
그리기보다는 어느 한순간 인상 깊게 느낀 장면을 그리려 애썼지요.

〈풀밭 위의 식사〉

밝은 표면은 밝은 대로 어두운 표면은 어두운 대로,
두 색채를 강조해서 극단적으로 대비시켰어요.
그 때문에 사람들에게는 매우 낯설게 보였지요.

나, 마네가 그린 그림 어때?

〈인상, 해돋이〉
인상주의의 기원이 된 그림이에요.
모네는 고향 집에서 항구를 내려다보며 이 그림을 그렸는데,
당시의 비평가가 "그저 하나의 인상을 그렸으니, 인상주의라고
해 주지!"라고 조롱하듯 한 말에서 인상주의가 시작되었어요.

나, 모네가
그린 그림이
최고!

난
피사로란다.

〈빨간 지붕, 시골 마을의 겨울 정취〉
피사로는 이전의 풍경화처럼 밖으로 나가
무작정 사물을 따라 그리기보다는 자신이
그리고자 하는 부분을 강조하였어요.
빨간 지붕이 빛을 받아 반짝이는
느낌이 아주 강렬하지요.

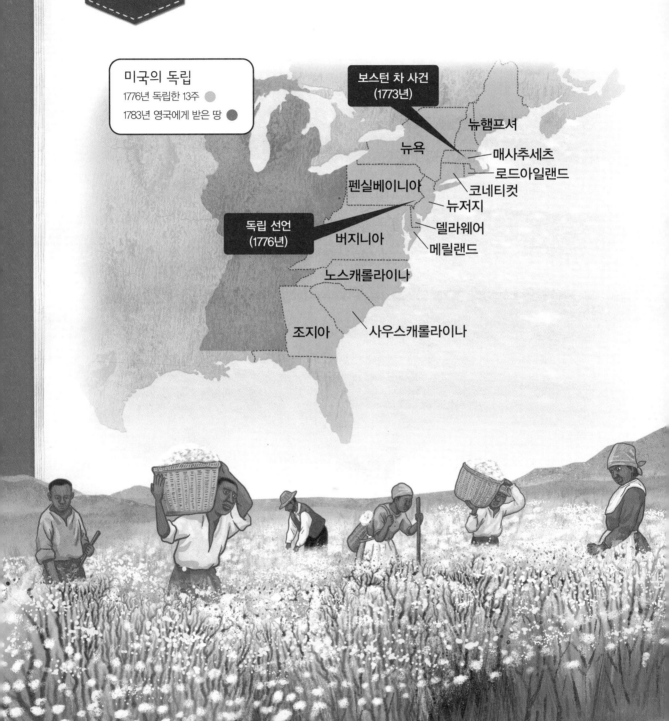

3장 미국의 독립과 남북 전쟁

미국의 독립
1776년 독립한 13주 ●
1783년 영국에게 받은 땅 ●

보스턴 차 사건
(1773년)

뉴햄프셔

뉴욕

매사추세츠
로드아일랜드
코네티컷
뉴저지
델라웨어
메릴랜드

펜실베이니아

독립 선언
(1776년)

버지니아

노스캐롤라이나

조지아   사우스캐롤라이나

나는 톰이야. 흑인이지. 지금은 남부의 목화밭에서 힘겹게 일하고 있지만, 곧 탈출해서 링컨의 군대에 입대할 거야. 위험하다고? 그럴지도 몰라. 그래도 꼭 할 거야. 링컨 대통령이 우리 흑인 노예를 해방시켜 준다고 했으니까. 난 그 말을 믿어. 링컨의 군대가 전쟁에서 이기면, 우리 흑인들도 자유를 얻을 거야. 그러면 우리 부모 형제들이 자유롭게 살아갈 수 있겠지?

아메리카 식민지의 발전

"저기 저 여자 좀 봐요. 생김새가 우리랑 달라요."

"아직 몰랐어요? 아메리카 식민지에서 온 원주민이 래요. 이름이 포카혼타스라나요? 인디언 추장의 딸이 라더군요."

영국인과 결혼한 인디언, 포카혼타스
영국인들의 전도로 기독교인이 되어 세례를 받은 후 1614년 존 롤프와 결혼했다.

"맞아요. 저도 들었어요. 아메리카에서 담배 농장을 운영하는 존 롤프와 결혼해서 영국에 왔대요. 요즘 이 런던에서 가장 유명한 여자일걸요."

존 롤프는 영국 출신으로 아메리카에서 담배 재배 에 성공한 농장 주인이었어요.

사실, 신대륙을 발견한 이후 엘리자베스 여왕 1 세 때부터 영국은 아메리카 식민지를 건설하는 데 많은 어려움을 겪었어요.

1606년에 144명의 남자들이 영국을 떠 나 아메리카에 도착해 최초의 식민지 제 임스 타운을 세웠어요. 하지만 농작물이 제대로 재배되지 않아 영국인들은 굶주 리기 일쑤였고, 전염병에 시달렸어요. 정착한 지 반 년 만에 무려 절반이 넘는 사람들이 목 숨을 잃었어요.

그런 어려움을 겪으며 수년 동안 고생한 끝에 개척자 중의 한 사람인 존 롤프가 담배를 키워 내는 데 성공했어요. 그것이 유행하면서 정착민들은 가까스로 경제를 안정시킬 수 있었어요. 사람들의 말대로 존 롤프는 인디언들과도 사이좋게 지냈어요. 그러면서 포우하탄 추장의 딸 포카혼타스와 결혼을 할 수 있었던 거예요. 그 덕분에 제임스 타운은 영국 식민지로 점점 발전해 갔지요.

**아메리카 최초의
영국 식민지, 제임스 타운**
오늘날 미국 버지니아주에 있는 역사 유적지로 영국 왕 제임스 1세의 이름을 따라 지어졌다.

한편, 그즈음 영국에서는 영국 국교회를 믿지 않는 한 무리의 사람들이 영국을 떠나 네덜란드로 향하고 있었어요.

"영국 국교회는 온갖 추하고 더러운 것으로 오염되어 있다!"

이들은 그렇게 외쳐 댔어요. 그래서 영국은 이들을 분리주의자라 부르며 탄압했어요.

네덜란드에서 자리를 잡은 분리주의자들은 다행히 더 이상의 큰 어려움은 겪지 않았어요. 하지만 시간이 지날수록 자녀들이 모국어를 잊고 신앙생활도 점차 게을리하기 시작했어요. 부모들의 바람과는 너무나 달랐

🐑 **분리주의자**

칼뱅의 교리를 따르며 영국 국교회를 개혁하고자 한 개신교도를 청교도라고 해. 그 중 영국 국교회에서 나와 새로운 교회를 세우려 한 사람들을 분리주의자라고 하지.

지요. 한참 고민에 빠져 있던 분리주의자들에게 뜻밖의 소문이 들려왔어요.

"북아메리카에 정착한 영국인들은 종교 탄압도 없이 자기들끼리 마을을 건설하며 산답니다."

"정말 그런 데가 있어요? 우리도 거기로 갑시다."

분리주의자들은 상인들의 도움을 얻어 1620년 9월, 영국의 플리머스 항구를 출발했어요. 아메리카를 향해 서였어요. 이 배에 탄 사람들을 종교의 자유를 찾아 떠나는 순례자란 뜻의 '필그림'이라 불렀어요.

약 100여 명의 필그림은 1620년 11월, 뉴잉글랜드 지방에 도착했어요. 이들은 먼저 배 위에서 자신들이 지켜야 할 조약을 만들어 모두가 서약을 했어요. 이것

뉴잉글랜드

미국 동부의 6개 주(뉴햄프셔, 매사추세츠 등)에 걸친 지역을 말해.

**자치 헌법,
메이플라워 서약**
스스로 주인이 되는 식민 정부를 세우며 다수결의 원칙에 따르고 공정하고 평등하게 헌법을 만들겠다는 내용이 담겨 있다.

– 장 레온 제롬 페리스
〈메이플라워 서약에 사인하며〉

을 메이플라워 서약이라고 불렀어요. 스스로 의사 결정을 하여 나라를 이끄는 자치 헌법과 같은 것이었지요. 그래서 이를 아메리카 최초의 헌법으로 보는 사람도 있어요.

필그림은 인디언들의 도움으로 옥수수 재배법을 배웠어요. 그러는 동안 더 많은 사람들이 영국에서 건너왔지요. 덕분에 자리 잡기가 좀 더 쉬워졌어요.

이때쯤 매사추세츠에서도 청교도들이 검소하게 절약하면서 성실하게 살겠다고 다짐하며 식민지를 건설했어요. 시간이 조금 더 지난 1682년에는 윌리엄 펜이 펜실베이니아에 정착했어요. 윌리엄 펜은 퀘이커교를 믿는 사람이었어요.

"모든 사람은 누구나 하나님을 직접 만날 수 있다. 중요한 것은 자신의 양심이다!"

윌리엄 펜은 그런 주장을 펼치며 지역 정부를 만들고 인디언들과도 사이좋게 지냈어요. 뿐만 아니라 모든 기독교도들이 신앙의 자유를 누릴 수 있게 했어요.

인디언과 사이좋은 윌리엄 펜
펜은 영국의 사업가이자 철학자였으며 아메리카로 와서 펜실베이니아를 세웠다.

– 벤저민 웨스트
〈펜과 인디언의 조약〉

🟤 **퀘이커교**

교회라는 형식이 없이도 내면의 계시를 통해 하나님을 깨달을 수 있다고 주장하는 청교도야.

전원도시

시골 분위기가 나는 상쾌한 도시를 말해.

그러자 얼마 지나지 않아 영국뿐만 아니라 아일랜드와 독일의 루터파 종교인들까지 펜실베이니아로 건너왔어요. 특히 윌리엄 펜은 자신이 이룩한 식민지 도시를 전원도시로 꾸미기 위해 노력했는데, 그 덕분에 펜실베이니아의 수도 필라델피아는 우아한 정원의 도시가 되었지요.

식민지가 자리를 잡아 가면서 각 주마다 독립된 의회가 생겨났고, 정부와 다름없는 정치 조직도 갖추어졌어요. 식민지 도시들은 적어도 정치적으로는 한동안 영국의 간섭을 받지 않았지요.

영국은 본국의 질서를 크게 무너뜨리거나 이익을 막지 않는 한 13개의 식민지에서 일어나는 일에 대해서는 식민지가 스스로 알아서 하도록 해 주었어요.

하지만 시간이 지남에 따라 곳곳에서 크고 작은 소동이 벌어졌어요. 본토와 식민지가 서로 부딪히게 된 거예요. 영국 정부가 식민지를 다스리는 정책에 변화가 생겼기 때문이었어요.

7년 전쟁

슐레지엔 지배권을 두고 프로이센과 오스트리아가 싸운 전쟁이야. 여기에 영국과 프랑스의 식민지 쟁탈 전쟁이 더해져 인도와 북아메리카에서도 전쟁이 벌어졌어.

중상주의

상업을 장려하고 수출을 많이 하려 한 경제 정책이야.

영국 정부는 7년 전쟁 이후 재정 적자가 심해지자 중상주의 정책을 펼치기로 했어요.

영국 정부는 여러 가지 법을 만들어 식민지들로부터 돈을 벌어들이기 시작했어요.

이를테면 제철법, 지폐 발행 금지법, 설탕 조례 등을
발표해서 아메리카 식민지 사람들이 유럽과 무역을 할
때 높은 관세를 매기고, 화폐도 마음대로 사용하지 못
하게 했어요. 이런 법들로 영국 본토는 돈을 더 많이
벌려고 혈안이 되어 있었어요. 그러니 식민지 사람들의
분노는 점점 커져 갈 수밖에 없었지요.

결국 각 주의 의회에서 이 문제를 두고 회의가 열렸
어요. 이때 버지니아주의 패트릭 헨리는 의원들과 시
민들 앞에서 이렇게 선언했지요.

조례

조목조목 적어 둔 명령이나
규칙을 말해.

"아메리카 식민지 사람들이 세운 의
회가 동의하지 않는 세금은 거둘 수 없
습니다. 버지니아주 사람들에게 세금을
내라고 할 수 있는 기구는 오로지 버지니아
주의 의회뿐입니다. 버지니아주 사람들은 다른
어떤 명령에도 복종해서는 안 됩니다."

이런 선언 이후 13개 주의 식민지 대표들이 만
나 연합 회의를 만들었어요. 이 대표자들은 패트
릭 헨리의 제안을 식민지 사람들에게 알렸
어요.

이에 대해서 영국
은 '영국의 국회의원

식민지 의회가 동의해야
세금을 거둘 수 있소!

은 영국을 대표하므로 모든 식민지에 세금을 내게 할 권리가 있다.'며 맞섰어요. 물론 식민지 사람들은 받아들이지 않았지요.

이런 싸움이 오고 가는 동안, 식민지 사람들은 인지세를 반대하면서 영국 상품 사지 않기 운동을 벌이기 시작했어요.

결국 영국은 이러한 식민지 사람들의 항의에 못 이겨 인지세법을 없애고 말았지요.

독립 운동의 불씨

비록 인지세는 포기했지만 영국 정부가 완전히 물러선 것은 아니었어요.

눈치를 보던 영국은 1767년에 타운센드 법을 만들어 발표했어요. 이 법에 따르면 영국으로부터 들여오는 유리와 종이는 물론 잉크와 같은 모든 상품을 살 때 세금을 새로 내야 했어요. 이에 식민지 사람들은 다시 한 번 영국 상품 사지 않기 운동을 일으켰어요.

그러던 어느 날, 보스턴의 시민들이 항의의 뜻으로 영국군 병사들을 향해 눈덩이를 던졌어요. 그걸 본 영국군 병사는 시민들이 공격을 해 온다고 생각했는지 총을 들어 쏘았어요. 그 탓에 시민 다섯 명이 목숨을 잃고 말았지요. 뿐만 아니라 다친 사람도 수십 명에 달했어요. 이 사건을 보고 식민지 사람들은 '보스턴 학살'이라 불렀어요.

이 소식은 순식간에 모든 식민지에 퍼졌지요. 이에 시민들은 더욱 격렬하게 영국 상품 사지 않기 운동을 벌였고, 영국의 수출액이 급격히 줄었어요. 결국 타운센드 법은 폐지될 수밖에 없었지요. 식민지의 정치인들은 대체로 만족했지만 토머스 제퍼슨처럼 젊은 정치인들은 그마저도 거부했어요.

"영국 정부의 조그만 양보에 만족해서는 안 됩니다. 우리는 자유를 위해 계속 싸워야 합니다."

그러던 중 영국 정부는 1773년에 차조례를 만들었어요. 식민지에서 정해진 상인만 차를 팔 수 있도록 하는 법이었지요. 사실 이 법은 망하기 직전이던 영국 동인도 회사를 살리기 위해 억지로 만든 법이었어요.

이 법 때문에 식민지의 상인들은 엄청 큰 피해를 보게 되었어요. 그러자 식민지 사람들은 동인도 회사 상

정치인 토머스 제퍼슨
1743년 버지니아주에서 태어났다. 1767년 변호사가 된 이후 미국의 정치가, 교육자, 철학자로 활동했다. 미국의 3대 대통령이 되었다.
– 매더 브라운 〈토머스 제퍼슨〉

 차조례
- - - - - - - - - - - - - - - - - - - -
동인도 회사가 관세를 내지 않고 식민지에 차를 팔 수 있게 한 법이야.

**보스턴 학살이 일어났던
옛 주 의사당**
보스턴에서 가장 오래된
건물로 예전의 매사추세츠 주
의사당이었다. 그 앞에서
보스턴 학살 사건이 일어났다.

품 사지 않기 운동을 더욱 거세게 벌였어요. 그 때문에 차를 실은 영국 배들은 식민지의 항구까지 왔다가 되돌아가야 했어요.

마침내 1773년 12월 16일 밤, 영국의 지나친 세금 징수에 불만을 품은 보스턴 주민들은 인디언 복장을 하고 보스턴 항구에 머물러 있던 동인도 회사의 배에 올라탔어요. 배에는 차가 잔뜩 실려 있었지요. 그들은 차를 바다에 던져 버렸어요. 이를 '보스턴 차 사건'이라 불러요.

이 사건은 즉시 영국 본토에 알려졌어요. 화가 난 영국 정부는 즉시 보스턴 항구법을 만들었어요.

"식민지 시민들이 바다에 버린 차 값을 갚을 때까지

보스턴 항구를 폐쇄하겠다. 아울러 영국 정부의 허락 없이 모임을 열어선 안 된다."

식민지 시민들은 영국의 강하고 융통성 없는 정책에 맞서 시위를 계속해 나갔어요. 영국 정부는 아랑곳하지 않고 매사추세츠 정부법을 발표했어요. 이 법을 통해 식민지 의회의 상원의원을 영국 국왕이 임명하도록 바꾸었지요. 아울러 군대 숙영법도 만들어, 식민지에 머무는 영국군이 식민지의 어떤 건물이라도 강제로 이용할 수 있도록 했어요.

이런 영국 정부의 행동에 식민지 시민들은 화가 났어요. 마침내 패트릭 헨리, 조지 워싱턴, 토머스 제퍼슨과 같은 식민지 지도자들은 각 주의 대표들을 모아 모임을 열었어요. 이 회의를 '제1차 대륙 회의'라 불렀지요. 이 회의에서 지도자들은 당장 영국군을 되돌아가게 하고 보스턴 항구를 다시 열어 달라는 내용의 청원서를 영국 정부에 보내기로 결정했어요.

아울러 패트릭 헨리는 리치먼드 민중 대회에서 아주 힘차게 연설했어요.

"지금 거대한 태풍이 우리에게 몰려오고 있습니다. 여러분! 자유를 원한다면 우리는 싸우는 수밖에 없습니다. 저의 입장은 자유가 아니면 죽음을 달라! 바로

매사추세츠 정부법
- - - - - - - - - - - - - - - - - - -
1774년 영국이 매사추세츠의 민주 기구들을 영국 군사 기구로 바꾼 법이야.

상원의원
- - - - - - - - - - - - - - - - - - -
양원 제도에서 하원과 함께 국회를 이루는 의원이야.

미니트맨

1분 대기 조라는 뜻이야. 미
국 독립 전쟁 당시 긴급하게
모은 병사들이었어.

이것입니다."

그리고 이와 비슷한 시기에 매사추세츠에서는 미니
트맨이라는 민병대를 만들었어요. 이런 움직임은 다른
식민지 주에도 빠르게 퍼져 나갔어요. 전쟁의 기운이
감돌고 있었던 거예요.

영국 정부에도 이런 상황이 알려졌고, 마침내 영국
정부는 '식민지에서 반란이 일어난 거나 다름없다.'고
판단했어요.

그러던 차에 식민지에 머물던 영국군 부대에 급한 소
식이 전해졌어요.

"보스턴 근처 콩코드의 민병대가 총과 탄알을 모아
놓고 있답니다."

소식을 들은 영국군 700여 명은 어둠을 틈타 보스턴
으로 향했어요. 하지만 이들의 움직임은 급히 민병대
에게 보고되었고, 민병대는 렉싱턴과 콩코드에서 영국
군과 싸웠어요. 처음에는 민병대에서 희생자가 생겼지
요. 하지만 곧 물러나는 영국군을 쫓아 민병대가 갑자
기 공격하여 영국군과 민병대는 모두 합쳐 200명이 넘
는 병사를 잃고 말았어요.

이 싸움은 사실상 미국 독립 전쟁이 시작되는 신호탄
이었어요.

상황이 심각해지자 필라델피아에서 제2차 대륙 회의가 열렸어요. 이 회의에는 토머스 제퍼슨을 비롯해 원로 정치인인 벤저민 프랭클린 등이 참석했지요. 이 회의에서 조지 워싱턴이 식민지 군대의 총사령관으로 임명되었어요. 조지 워싱턴은 전투 경험이 아주 풍부했어요. 워싱턴은 즉시 민병대원과 자원해서 입대한 병사들을 모아 훈련을 시키기로 했어요.

그런데 제2차 대륙 회의가 열리는 도중 찰스타운 반도의 작은 언덕, 벙커힐에서 전투가 벌어졌어요. 민병

🐑 **벤저민 프랭클린**
- - - - - - - - - - - - - - - - - -
1706년 보스턴에서 태어났어. 인쇄소에서 일하다가 신문사 경영자가 되었으며, 정치가가 되었지. 과학자로서 피뢰침을 발명하기도 했어.

대가 진을 치고 있던 벙커힐을 영국군이 갑자기 습격한 것이었어요. 이때 민병대는 영국군을 기다렸다가 사격을 퍼부었지만, 탄환이 떨어져서 결국 벙커힐을 내주고 말았지요. 그러나 뜻밖에도, 승리한 영국군의 피해가 더 컸어요. 영국군이 더 많이 죽었답니다.

이제야말로 영국과 식민지 사이의 전쟁을 피할 수 없게 되고 말았어요.

 미국의 독립 전쟁

'우리는 과연 무엇을 위해서 싸우는 걸까?'

식민지 사람들은 영국의 횡포에 맞서 무기를 들긴 했지만, 이때까지만 해도 독립해야겠다는 바람이 그리 크지 않았어요. 대륙 회의에서도 싸워야겠다는 다짐을 했을 뿐, 독립 선포는 하지 못했지요.

마침 토머스 페인이 《상식》이라는 글을 발표했어요.

《상식》
토머스 페인이 팸플릿 모양으로 낸 책이야. 3개월 만에 10만 부나 팔렸다고 해.

우리가 번영하니까 샘내고 질투하는 영국 정부에게 우리를 다스릴 권리가 있을까? 아니라고 대답하는 사람이라면 누구나 우리가 독립해야 한다는 데 찬성할 것이다.

대륙이 조그만 섬의 통치를 받아야 한다는 것은 어리석은 생각이다.

이 글은 식민지 사람들에게 엄청난 영향을 끼쳤어요. 식민지 사람들은 너나 할 것 없이 독립을 꿈꾸게 되었어요. 마침내 1776년 1월에 대륙 회의에서 독립에 대해 본격적으로 이야기하게 되었지요. 이어 펜실베이니아를 시작으로 대부분의 다른 식민지 주까지 독립하겠다고 나섰어요.

그러던 1776년 6월, 마침내 대륙 회의는 토머스 제퍼슨에게 독립 선언서를 쓰게 했어요. 그것을 프랭클린이 고쳐서 마침내 같은 해 7월 4일 정식으로 독립을 선언했답니다.

선언문에는 독립해야 하는 이유를 비롯해, 영국이 저지른 잘못까지 낱낱이 기록되어 있었어요.

사상가 토머스 페인
1737년 영국 퀘이커교도 집안에서 태어났다. 프랭클린의 초청으로 1774년 미국에 왔다가 《상식》을 썼다. 1787년에는 프랑스 혁명에도 참가했다.

우리는 모든 사람이 평등하게 태어났고, 누구나 남에게 넘겨줄 수 없는 권리를 가졌다고 믿는다. 여기에는 자유와 행복을 추구할 권리도 포함된다.

〈미국 독립 선언문〉
1776년 7월 4일 미국의 독립을
선언한 미국 건국 문서이다.

우리는 이 권리를 지키기 위하여 정부를 만들었다.

국민이 인정하는 권력만이 정당하다.

이렇게 독립 선언서는 영국 국왕에 대한 모든 맹세는 물론이고 모든 정치적 관계도 사라진다는 내용으로 끝을 맺었어요.

이로써 전쟁이 시작되었어요.

도움을 요청하기 위해 벤저민 프랭클린과 존 애덤스는 프랑스로 갔어요. 프랑스는 경쟁국인 영국의 힘을 약하게 만들기 위해서 무기는 물론이고 여러 가지 필요한 것들을 보내 주기로 약속했어요.

하지만 식민지 독립군의 상황은 그리 좋지 않았어요. 독립군은 체계가 잡혀 있지도 않았고, 훈련도 제대로 되어 있지 않았거든요. 무기도 변변치 못했기 때문에 사령관이 된 워싱턴은 작전을 세우기도 어려웠어요. 반면 영국군은 매우 잘 훈련되어 있었어요. 전투 경험이 풍부한 장교들도 많았지요.

곧 하우 장군이 이끄는 영국군이 뉴욕 항을 점령했어요. 그 뒤 밤을 이용해 브루클린을 공격했지요. 거기에서 독립군 병사들 1천여 명을 사로잡았어요. 또한 워싱

턴 요새를 공격하여 독립군 2,800여 명을 포로로 잡고
대포 등을 빼앗았지요.

독립군은 꽁지가 빠져라 도망가는 수밖에 없었어요.
계속 싸움에 지자 독립군 병사들은 용기를 잃었어요.
게다가 이 무렵 워싱턴의 독립군은 모두 4천여 명밖에
남아 있지 않았어요.

그러던 12월 크리스마스 날을 맞아 워싱턴은 영국군
부대를 지키는 독일 용병 부대를 공격하기로 했어요.
마침 이날 독일 사람들은 크리스마스의 축제 분위기에
빠져 경비가 느슨했지요.

워싱턴은 이때를 놓치지 않았어요. 델라웨어강을 끼
고 머물러 있던 독일 용병 부대를 뒤에서 공격해 궁지

용병

- - - - - - - - - - - - - - -
급료를 받고 다른 나라에서
군인 역할을 하는 사람이야.

**미국 건국의 아버지,
조지 워싱턴**
1732년 버지니아주에서
태어났다. 토지 측량사로
일하다가 형이 죽자 민병대
부대장직을 이어받은 이후
군인, 정치가가 되었다.

– 로이체
〈델라웨어강을 건너는 워싱턴〉

에 몰아넣었지요. 이런 교묘한 작전 덕분에 워싱턴은 승리를 거두었어요.

이어 독립군은 존 버고인이 이끄는 영국군 부대를 포위하여 전투에서 이겼어요. 약 6천여 명을 포로로 붙잡고 무기를 빼앗았지요.

그리고 얼마 뒤, 돕겠다는 약속을 미루고 있던 프랑스가 마침내 움직였어요. 프랑스는 영국에 선전 포고를 하고 유럽의 다른 나라에도 도와야 한다고 말했어요. 그러자 에스파냐와 네덜란드는 돈을 빌려주기로 했고, 러시아도 돕겠다고 나섰어요.

곧 프랑스의 지원군이 도착했어요. 워싱턴의 독립군은 이들과 함께 곳곳에서 전투를 벌이며 승리를 거두었어요. 그러자 영국 정부는 하우 장군을 본국으로 돌아오게 하고 헨리 클린턴 경을 총사령관으로 임명했지요. 하지만 이미 사기가 오른 워싱턴의 독립군은 프랑스군과 함께 영국군을 버지니아주 해안의 요크타운으로 몰아붙였어요. 그리고 마침내 마지막 승리를 얻어냈어요.

이어 평화 협상이 벌어졌어요. 이 회의에서 영국은 아메리카의 독립을 승인하지 않을 수 없었지요. 이로써 아메리카 합중국, 곧 미국이 탄생했어요.

독립했지만 미국에는 여러 가지 문제가 있었어요. 가장 큰 문제는 13개의 주를 어떻게 하나로 묶어 국가를 만드느냐 하는 것이었지요.

당연히 13개 주 사람들은 저마다 생각이 달랐어요. 주와 주 사이에 흐르는 강이 자기네 거라고 우기기도 했고, 각 주마다 화폐까지 달랐지요. 뿐만 아니라 평화 협상에서 전쟁 배상금을 영국에 주기로 했는데, 어느 주도 선뜻 돈을 내려 하지 않았어요. 13개의 주가 제각각 나라 행세를 하면서 또 싸움을 벌일 판이었어요.

🎩 배상금
- - - - - - - - - - - - - - -
남에게 손해를 끼친 만큼 물어 주는 돈을 말해.

결국 13개 주 대표가 필라델피아에 모여 토론을 벌였어요. 헌법을 정하기 위한 회의가 열린 거예요. 이 회의의 의장은 워싱턴이었고, 프랭클린도 참석했어요. 회의는 지금의 독립 기념관에서 비밀리에 치러졌지요.

"우리 13개 주는 밖을 향해서는 한목소리를 내면서도 각 주마다 따로 행동할 수 있는 권한이 있는 헌법을 만들어야 합니다."

그 의견에 모두 찬성했어요. 13개 주는 주마다 대표자를 뽑아 미국의 의회를 만들고, 최고 지도자로 대통령을 선출하기로 했어요. 사법부도 만들기로 했어요. 의회나 대통령이 횡포를 부릴 때 막기 위해서였지요.

〈독립 선언문〉이 선포된 독립 기념관
1756년 퀘이커교도들이 펜실베이니아 식민 정부 청사로 세웠다. 1800년 워싱턴으로 수도가 정해지기 전까지 연방 정부 청사로 쓰이기도 했다.

마지막으로 남은 문제는 '과연 누구를 대통령으로 뽑느냐' 하는 것이었어요. 많은 사람들이 그 후보로 생각하는 사람이 있었어요. 다름 아닌 조지 워싱턴이었지요. 하지만 워싱턴은 대통령이 되고 싶지 않았어요. 거의 예순 살이 다 된 워싱턴은 남은 인생을 꽃밭을 가꾸며 가족들과 평안하게 지내고 싶었을 뿐이에요.

하지만 국민과 정치 지도자들은 워싱턴이 대통령이 되어야 한다고 생각했어요.

"워싱턴이라면 영국 국왕처럼 국민들을 함부로 대하지 않을 거야!"

결국 워싱턴은 의회에서 만장일치로 대통령에 당선되었어요. 워싱턴은 그리 기쁘지만은 않았어요.

"나는 지금 커다란 두려움과 고통으로 마음이 짓눌려 있소."

큰일을 하게 되었다는 부담감 때문이었지요.

얼마 후, 대통령에 취임하기 위해서 워싱턴은 미국의 임시 수도인 뉴욕으로 향했어요. 길에는 빨간 양탄자가 깔려 있었고, 병사들이 양편에 멋지게 늘어서 있었지요. 건물마다 워싱턴을 환영하는 깃발이 휘날렸어요.

수많은 시민들이 나와 환영했어요.

"워싱턴 대통령 만세! 미합중국 만세!"

취임

새로 맡은 일을 하러 처음으로 나가는 일을 말해.

훗날 세계 최강국으로 발돋움하는 미국은 이렇게 탄생했어요.

남북 전쟁과 노예 해방

 임기

일이나 임무를 맡아보는 기간이야.

미국의 초대 대통령 조지 워싱턴은 첫 번째 임기 후 다시 한번 대통령으로 뽑혔어요. 그 임기를 마치고 물러났지요. 이런 행동은 훗날 미국의 대통령들에게 뜻깊은 전통이 되었어요.

미국은 1803년 프랑스로부터 미시시피강 서쪽의 드넓은 땅을 사들여 영토를 넓혔고, 1845년에는 텍사스를 합쳐서 남쪽으로도 넓어졌어요. 그 사이에 미국은

미국의 영토 확장

1818년 (영국에게 넘겨받음)

오리건 1846년(합침)

루이지애나 1803년 (프랑스에서 사들임)

캘리포니아 1848년 (멕시코에게 넘겨받음)

독립 당시의 영토 1783년

1853년 (멕시코에서 사들임)

텍사스 1845년(합침)

플로리다 1819년 (에스파냐에서 사들임)

영국과 전쟁을 치르기도 하고, 은행들이 줄줄이 망하는 경제 공황 위기도 겪었지만 잘 견뎌 냈지요.

미국이 한걸음 더 발전하기 위해서 넘어야 할 산이 하나 있었는데, 그것은 다름 아닌 노예 제도였어요.

미국의 노예 제도는 17세기부터 시작되었지만, 흑인 노예 문제가 본격적으로 드러나기 시작한 것은 19세기 초였어요. 이즈음 미국의 남부는 열심히 면화를 재배했어요. 왜냐하면 전 세계가 양모 대신 면으로 옷을 만들어 입기 시작하여 면직물 산업이 크게 번성하고 있었기 때문이에요.

그러나 면화 재배는 사람의 손이 많이 갔어요. 그러다 보니 노예들이 꼭 필요했지요. 노예가 많으면 많을수록 좋았어요. 하지만 면화 농장에서 일하는 흑인 노예들이 받는 고통은 이루 말할 수가 없었어요. 백인 주인들은 흑인 노예가 조금이라도 게으름을 피우면 채찍질을 일삼았고, 도망가다가 붙잡히면 손발을 자르거나 목숨까지 빼앗았어요.

그러던 1837년, 버지니아주 사우샘프턴에서 냇 터너라는 흑인 노예가 폭동을 일으켜 백인들을 살해하는 사건이 일어났어요. 이 사건은 금방 진압되었어요. 백인들은 그 보복으로 흑인 노예 100여 명을 죽였지요.

경제 공황

자연 재해가 일어나거나 경제가 제대로 돌아가지 않아 사람들이 일자리와 재산을 잃는 등 경제적으로 혼란스러운 상황을 말해.

폭동

많은 사람들이 모여서 폭력을 휘둘러서 사회가 어지러워진 상황을 말해.

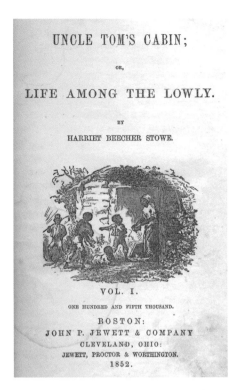

이런 흉악한 사건이 벌어지고 얼마 지나지 않아 스토 부인이 쓴 《톰 아저씨의 오두막》이라는 책이 출판되었어요. 착한 흑인 노예 톰이 목화밭에서 일을 심하게 하다가 비참하게 죽어 가는 내용을 담고 있었어요. 이 책을 읽은 수많은 미국인들은 노예 제도가 얼마나 잔인한지 다시 한번 깨달았지요.

노예제를 반성하게 한 《톰 아저씨의 오두막》
도망친 노예를 도와주는 사람까지 벌주는 법이 통과되자 스토 부인이 분노하며 쓴 책이다. 놀라울 정도로 큰 인기를 끌었다.

결국 노예 제도를 없애자는 주장이 북부에서 퍼져 나갔어요. 공업이 발달한 북부는 노예 제도가 없어지면 흑인을 고용해 값싸게 제품을 만들 수 있을 거라 기대했어요. 하지만 면화 농장을 운영하고 있던 남부의 주들은 반대했지요. 손이 많이 가는 면화 농장에서는 노예가 꼭 필요했거든요. 노예 제도를 없애면 경제가 매우 어려워질 게 뻔했어요.

이즈음 에이브러햄 링컨이 미국의 새 대통령으로 당선되었어요. 링컨이 자신들의 요구를 받아들이지 않을 것이라 생각한 사우스캐롤라이나를 비롯한 일곱 개의 남부 주는 연방에서 탈퇴한다고 선언했어요.

"우리는 아메리카 합중국에서 탈퇴하겠소."

이들은 마침내 아메리카 남부 연합을 만들어 새로운

 탈퇴

몸담고 있던 조직이나 단체에서 아예 나오는 일을 말해.

나라를 세우겠다고 뜻을 모았어요. 그러고는 제퍼슨 데이비스를 새 대통령으로 뽑고 남쪽 일곱 개 주에 있던 연방 정부의 재산을 전부 빼앗았어요.

하지만 사우스캐롤라이나의 찰스턴 항구 안에 있는 섬터 요새와 몇몇 지역은 연방군이 지키고 있었지요. 아메리카 남부 연합은 연방 정부에 섬터 요새를 내놓으라고 요구했어요.

하지만 링컨은 섬터 요새를 포기하지 않았어요. 이에 남부 연합은 섬터 요새를 공격하기 시작했어요. 이 전투를 시작으로 남북 전쟁(90쪽)의 막이 올랐어요.

군사와 무기, 물자는 남군보다 북군이 조금 더 나았어요. 하지만 남부군의 총사령관인 로버트 리 장군의 능수능란한 전술과 작전에 북군은 당황했고, 여러 곳에

섬터 요새

찰스턴 항구를 보호하기 위해 1829년 그 앞바다에 만들어진 요새야.

면화를 따는 흑인
면직물을 만들기 위해서는 면화를 사람의 손으로 하나씩 따야 했다. 노예가 하면 그 과정에 돈이 거의 들지 않아 농장주는 큰 이득을 거두었다.

– 윈즐로 호머 〈면화 따는 사람〉

치열했던 남북 전쟁
1861년 시작되어 4년 동안
전투를 벌였다. 흑인을 위해
싸울 수 없다고 빠져나간
북군의 일부 백인을 대신해
흑인들이 들어가 싸웠다.

서 계속 졌어요. 그러다가 북군의 매클렐런 장군이 메릴랜드를 차지하려는 남군을 잘 막아 내자 북군의 기세가 조금씩 오르기 시작했어요.

그리고 바로 1863년 1월 1일에 링컨 대통령은 노예 해방을 선언했어요.

바로 지금부터, 그리고 이후 영원토록 노예에게 자유를 준다.

그럼에도 남군과 북군 사이의 전투는 계속 이어졌어

요. 남북 전쟁 기간을 통틀어 가장 치열한 전투는 1863년 7월 1일부터 3일간 게티즈버그에서 벌어졌어요. 이 전투에서 남군의 리 장군은 북부를 공격해 차지하기 위해 펜실베이니아 방면으로 총 세 무리의 군대를 이끌고 나아갔어요. 하지만 북군의 끈질긴 공격으로 결국 지고 말았지요.

게티즈버그

펜실베이니아 주 남동부에 있는 도시야.

　이 전투를 계기로 북군은 확실하게 승리의 기운을 잡았어요. 남군은 더 힘들어졌어요. 해안을 모두 북군이 막고 있어서 전투에 필요한 먹을거리나 무기 등 물자를 받지 못해서 더 궁지에 몰렸지요.

리치먼드

오늘날 버지니아주의 주도야. 워싱턴, 제퍼슨 등이 태어난 곳이지.

　마침내 그랜트 장군과 셔먼 장군이 이끄는 북군은 남군의 수도인 리치먼드를 공격하기 시작했어요. 남군은 곳곳에서 북군을 막으려 애썼지만, 이미 전쟁의 기세는 북군에게 기울어 있었지요. 북군은 단숨에 여러 도시를 공격해 차지했어요. 마침내 1865년 4월, 리치먼드까지 점령했어요.

　결국 남부 연합 정부는 남쪽으로 달아났고, 남군을 이끌던 리 장군은 북군의 기병대에 쫓기다가 포위를 당했지요. 그는 결국 항

복하지 않을 수 없었어요. 한 달쯤 지난 뒤에는 남부 연합의 데이비스 대통령도 체포되었어요.

그로부터 얼마 후, 링컨이 리치먼드를 방문하여 이렇게 말했어요.

"우리는 리치먼드를 점령하기 위해 싸운 것이 아니라 미국의 자유를 위해서 싸운 것입니다."

링컨은 흑인들로부터 대대적인 환영을 받았어요. 하지만 그로부터 얼마 후 링컨은 남부 연합을 따르던 한 배우에게 암살되고 말아요.

미국의 보물 창고 알래스카

미국은 땅을 사거나 넘겨받으며 영토를 넓혀 나갔어요. 그중에서도 알래스카는 미국이 구입한 땅 중 최고로 행운이 따른 땅으로 꼽혀요. 미국에게 없어서는 안 되는 전략적 요충지인데다 보물 창고지요. 한반도 면적의 일곱 배나 되는 이 드넓은 땅에는 금과 석유 같은 천연자원이 엄청나게 묻혀 있거든요.

하지만 1867년 이전까지는 러시아의 땅이었어요. 그때는 온 땅이 얼음으로 뒤덮여 있고, 농사짓기도 힘든 황무지일 뿐이었어요. 돈이 필요했던 러시아는 미국의 국무 장관 윌리엄 스워드를 통해 얼음뿐인 알래스카 땅을 단돈 720만 달러(약 83억 원)에 미국에 팔았어요. 그때 미국 사람들은 돈 낭비라며 '바보 스워드'라고 놀렸고 러시아는 환호성을 질렀지요. 하지만 지금은 완전히 그 반대랍니다.

미국은 흑인 노예를 해방시켜 새 역사를 썼고, 유럽
의 여러 나라들에도 큰 자극을 주었어요.

노예 제도는
왜 없어져야 할까?

노예 해방을 선언한
링컨의 일생

❷ 1819년 링컨에게 새엄마가 생겼어요.
다행히 새엄마는 링컨의 모든 생각을 지지해 주었어요.
그 덕분에 링컨은 책을 많이 읽을 수 있었고,
풍부한 지혜와 지식을 얻을 수 있었어요.

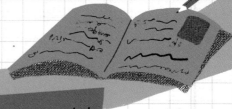

노예 제도 폐지

❶ 1809년 미국 켄터키주에서
가난한 농민의 아들로 태어났어요.
링컨이 아홉 살이 되던 1818년에 어머니가 돌아가셨어요.
어머니는 언제나 링컨에게 '평화는
어떤 가치 있는 싸움보다 중요하다.'라고 가르쳤지요.

❼ 1860년 마침내 대통령에 당선되었어요.

❽ 1861년 남북 전쟁이 일어났고
링컨은 이전부터 갖고 있던
노예 제도 폐지에 대한 의지를
더욱 굳혔어요.

❹ 1832년 주의회 선거에 출마했지만 당선되지 못했고, 1835년 약혼녀가 목숨을 잃은 뒤 큰 슬픔에 빠졌어요.

❺ 1838년 주의회 대변인 선거에 출마해서 낙선했고, 2년 후에는 정부통령 선거위원에 출마했다가 또 낙선했어요. 이후에도 하원의원, 부통령 지명 선거 등에서도 거듭 낙선하는 등, 모두 9차례나 낙선의 고배를 마셨어요.

❸ 1831년 스물두 살, 집을 떠난 링컨은 뱃사공, 가게 점원, 장사꾼, 우체국장, 측량 기사 등으로 일했는데, 이때에도 책을 손에서 놓지 않고 지독하게 공부했어요.

❻ 1847년 연방 의회 의원으로 선출되지만, 미국과 멕시코의 전쟁에 반대하면서 인기가 떨어져요. 이후 1856년 링컨은 노예 제도에 반대하며 공화당에 입당해요.

❾ 1863년 노예 해방을 선언했고, 1864년 대통령 재선에 성공했어요.

❿ 1865년 4월 14일, 연극을 관람하던 중 암살당하고 말았어요.

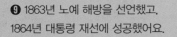

4장 청나라의 몰락

아편 전쟁과 태평천국의 난

제1차 아편 전쟁 때 영국군의 진로 ➜

제2차 아편 전쟁 때
영국군 · 프랑스군의 진로 ⇢

태평천국군의 진로 ➜

태평천국의 세력 범위 ●

북경

남경
상해

광주

나는 열두 살 탕 샤오레이야. 청나라 광주에 살고 있지. 지금 광주 해안가에서 아편에 소석회를 섞어 끓이는 걸 구경하고 있어. 벌써 3일째야. 흠차 대신 임칙서 어르신이 영국 사람들로부터 빼앗은 아편을 태우는 거래. 정말 잘하는 일이라고 생각해. 아빠가 바로 저 아편 때문에 돌아가셨거든. 사람을 황홀하게 만든다는 헛소문을 믿고 아편을 시작했다가 중독되는 바람에 세상을 떠나셨지. 작은아빠도 그렇게 돌아가셨어. 내 친구의 아빠 몇 명도. 아편은 청나라 땅에서 사라져야 해!

청나라와 영국의 무역 갈등

"왜 청나라 사람들은 우리 면직물을 잘 사지 않을까요? 우리 영국의 면직물이 세계 최고라는 사실을 모르는 걸까요?"

"그러게 말이에요. 우리 영국은 청나라에서 엄청나게 많은 차를 사들이고 있잖아요?"

청나라에 들어와 무역을 하고 있던 영국 사람들은 고민이 많았어요. 영국은 중국에서 생사와 도자기, 그리고 차와 같은 상품을 사 갔고, 면직물을 주로 팔았어요. 하지만 영국이 청나라에 가져온 면직물은 잘 팔리지 않았어요. 청나라에는 이미 면직물이 많이 있었기 때문이지요.

반면, 영국에서는 청나라에서 재배한 차가 아주 인기가 높았어요. 영국은 더 많은 차를 사들이기 위해서 끊임없이 청나라에 은화를 지불해야 했지요. 그런 탓에 영국의 무역 적자가 빠르게 늘어났어요. 이에 영국 정부는 심각한 고민에 빠졌어요.

"청나라와의 무역 적자를 빨리 해결하지 않으면 우리 영국은 큰 위험에 처할 것입니다."

그래서 생각해 낸 것이 다름 아닌 아편이었어요.

생사

누에고치에서 뽑아낸 실로, 가공을 하지 않은 실이야.

무역 적자

다른 나라에서 수입하기 위해 쓰는 돈이 수출해서 버는 돈보다 많은 상황을 가리키는 말이야.

원래 아편은 그 이전부터 청나라에 조금씩 수입되고 있었어요. 그때는 문제가 없었는데, 이것을 담배에 섞어 피우게 되면서 마약으로 둔갑해 버렸어요.

"아이고, 무릎이야. 푹푹 쑤셔서 걸을 수가 없네."

"아편을 피워 봐! 고통이 없어지고 기분이 좋아진대!"

사람들 사이에 이상한 소문이 돌았고, 돈이 많은 사람들은 너도나도 아편을 사서 피우기 시작했어요. 나중에는 부자들뿐만 아니라, 도시에 사는 시민과 농촌 사람들까지 아편에 손을 대기 시작했어요. 그들은 '아편굴'이라 불리는 곳에서 돗자리를 깔고 담뱃대를 물고 뻐끔거렸어요. 더구나 한번 아편에 손을 댄 사람은 빠르게 중독되어서 끊기가 힘들었어요.

국민들의 건강 상태가 나빠지기 시작했고, 이들은 일을 할 수 없는 병자가 되고 말았어요. 더 큰 문제는 경제 활동을 할 수 있는 사람이 급격히 줄어들면서 집집마다 빚이 늘어나는 것이었어요.

청나라 조정은 1729년 아편 금지령을 만들고 얼마 후 전국에 시행했어요. 아울러 아편을

아편의 원료, 양귀비
그 열매즙으로 만든 아편은 고통이 아주 심한 환자들에게 진통제로 쓰였다. 그러나 지나치게 많이 먹으면, 환상을 보고 이상한 행동을 하다가 죽음에 이를 수 있다.

흠차 대신

청나라 황제가 특별한 일을 맡긴 임시 관리로 막강한 권한을 갖고 있었어.

광주

중국의 광저우를 말해.

아편과의 전쟁에 나선 임칙서

훈장의 아들로 태어나 27세에 과거 시험에 급제했다. 관리 생활을 하면서 빈민을 구제하는 등 공을 세웠고 아주 청렴했다고 한다.

파는 사람이나 그에 대한 단속을 게을리한 관리를 아주 엄격하게 벌주었어요.

그럼에도 불구하고 아편은 계속 유행했어요. 심지어 일반 사람은 물론이고, 관리들까지도 아편에 중독되어 헤어 나오지 못했지요.

그러다 보니 아편의 수입도 빠르게 늘어났어요. 1816년 무렵 약 5천 상자였던 아편 수입은 1830년에는 무려 2만 상자에 이르렀어요.

아편을 하는 사람은 줄어들 줄 몰랐어요. 차를 팔아 넉넉해졌던 은이 아편을 사느라 계속 해외로 빠져나갔고, 결국 청나라의 경제는 위기에 처했어요.

마침내 청나라 정부는 어떻게든 아편 무역을 막아야 한다는 생각을 하기에 이르렀어요. 이에 대해 영국은 '아편을 사는 사람이 있으니, 파는 것이다.'라는 말로 변명만 했지요.

청나라 정부는 임칙서를 흠차 대신으로 임명해 광주로 보냈어요.

임칙서는 몇몇 지역에서 아편을 피우지 못하도록 하여 큰 성과를 거둔 인물이었어요. 임칙서는 황제의 명을 받들어 반드시

아편 무역을 뿌리 뽑겠다고 결심하고 광주로 향했지요.
임칙서는 먼저 공행들에게 포고문을 보냈어요.

청나라는 이제부터 영원히 아편을 수입하지 않겠다. 명령을 어기고 아편을 팔 경우 재산을 모두 거둬 가도 좋다는 서약서를 써서 3일 안에 내라.

그리고 외국 상인들에게도 포고문을 보내, 아편 무역이 얼마나 도리에 어긋나는 일인지 비난했지요.

이때 영국 측은 임칙서가 매우 결단성 있고 과감한 인물이라는 것을 알고 있었기 때문에 뇌물을 주어 달래려 했어요. 그리고 아편 1천여 상자를 임칙서에게 보내기로 했어요. 하지만 임칙서는 이 제안을 거절하고 호통을 쳤어요.

"지금 당장 아편을 모두 가져오도록 하라! 또한 앞으로 아편을 청나라에 가지고 오지 않겠다는 서약서를 내야 한다!"

아울러 임칙서는 외국 상관에 있는 청나라 사람들을 모두 나오게 했어요. 그리고 식량을 들여보내지 못하게 했지요.

이 소식이 알려지자 영국의 무역 감독관 엘리엇이 마

카오에 있다가 급히 광주로 달려왔어요. 엘리엇은 직접 청나라 관리들을 만나기 위해 광주성 안에 있는 여러 나라 상관이 모인 곳으로 들어갔어요. 이를 기다리던 임칙서는 즉시 1천 명의 병사를 동원해 엘리엇이 머물고 있던 상관을 포위했어요. 물과 음식도 들여보내지 못하게 막았지요. 안에는 수백여 명의 외국인이 살고 있었기 때문에 이틀간 버티던 엘리엇은 임칙서에게 굴복하고 말았어요.

"외국인 상인들이 가지고 있는 아편 2만여 상자를 모두 내놓겠습니다."

이때 임칙서는 엘리엇이 가지고 온 아편을 모두 광주 항구의 입구에 모았어요. 그리고 해안 가까이에 구덩이를 파고 아편을 짠물에 담갔지요. 그런 다

음 소석회를 섞어 3주 동안 끓여 아편의 성분을 없앤 다음 바닷물에 흘려보냈어요.

이 일로 아편 문제가 모두 해결된 것은 아니었어요. 이후 임칙서는 영국 상인들에게 아편을 팔지 않겠다는 서약서를 내라고 했지만, 영국 상인들은 이를 거부했지요. 엘리엇이 뒤에서 조종하고 있었던 거예요.

이처럼 청나라와 영국은 점점 더 날카롭게 맞서게 되었어요.

몰락의 시작, 아편 전쟁

아편 2만여 상자가 버려진 지 얼마 지나지 않았을 때, 구룽에서 영국인이 청나라 선원을 살해한 사건이 일어났어요. 이때, 청나라는 마카오에 있던 엘리엇에게 청나라 선원을 죽인 범인을 체포해서 넘겨달라고 요구했어요.

하지만 엘리엇은 청나라의 요구를 들어주지 않았지요. 오히려 살인범을 찾을 수 없다며 발뺌했어요. 이에 임칙서는 각지 해안에 머물고 있던 영국 선박에 물과 식량을 주지 말라고 명령했어요. 뿐만 아니라 대포와

🧑 소석회
- - - - - - - - - - - - - - - -
물에 녹기 쉬운 하얀 가루로 수산화 칼슘이라고도 불려.

🧑 구룽
- - - - - - - - - - - - - - - -
홍콩의 중심 도시인 주룽을 말해.

총으로 무장한 함대를 이끌고 와서 마카오를 막았지요.

그러자 엘리엇은 두 척의 군함을 끌고 식량을 구하러 여기저기 다니다가 청나라 함선을 공격했어요. 두 시간 동안 전투가 격렬하게 벌어졌지요. 이때 청나라 쪽에서는 20척이 넘는 배가 피해를 입었고, 영국의 함선은 일단 물러갔어요.

이 소식을 들은 영국은 의회를 열고 논의 끝에 청나라와 전쟁을 하기로 했어요. 그리고 스리랑카와 인도 등지에 머무르고 있던 영국군을 청나라 쪽으로 가게 했어요. 총사령관에 조지 엘리엇이 임명되었지요. 이로써 아편 전쟁이 시작되었어요.

영국군 함대는 상해 근처 정해를 싸우지 않고 정복하고 빠르게 북쪽으로 거슬러 올라갔어요. 그리고 오래지 않아 천진 앞바다에 이르렀지요. 이 소식을 접한 청나라 조정은 뒤늦게 영국 함대 사령관에게 사신을 보내 협상하게 했어요.

그러나 협상은 잘 이루어지지 않았어요. 영국은 임칙서가 태운 아편의 대금을 배상하라는 등 여러 가지 무리한 요구를 해 댔고, 그에 대해 청나라 황제는 발끈해서 협상을 거부하기도 했어요. 그러다가 광동(광둥)에서 가까스로 협약을 맺었지만, 이번에는 영국 정부가

정해
딩하이라고도 불려. 중국 동해안에 있는 섬으로 이루어진 지역이야.

천진
텐진을 말해. 북경 옆 동해안의 무역 중심지였어.

치열한 아편 전쟁
영국 군함이 청나라의 배를
공격하는 모습이다.
영국이 아편을 팔아서라도
무역 이익을 남기고자 벌인
전쟁이었다.

그 협약을 거부했어요. 그러는 동안 양쪽의 책임자가
바뀌고, 전투도 계속되었지요.

영국군은 마침내 상해까지 점령하고, 양쯔강을 거슬
러 올라가 진강을 점령했어요. 그리고 이곳에서 치열
하게 싸웠지요. 영국군은 닥치는 대로 물자를 빼앗고
불을 놓았어요. 청나라 사람이라면 어른과 아이를 가
리지 않고 죽였고요.

청나라 조정은 비로소 위기를 느꼈어요. 진강은 남경
과 아주 가까운 곳이었고, 남경을 빼앗기면 북경도 위
협받을 게 뻔했기 때문이에요. 청나라 조정은 결단을
내릴 수밖에 없었어요. 결국 영국과 조약을 체결해야
했지요.

😀 **진강**
- - - - - - - - - - - - - - - - - - -
전장이라고도 불려.

😀 **남경**
- - - - - - - - - - - - - - - - - - -
난징이라고 주로 불려.

영사관

외국에 사는 자기 나라 사람을 보호하고 무역을 통해 이익을 꾀하기 위해 외국에 세우는 사무소야.

"청나라는 영국에 홍콩을 넘겨주고, 광주를 비롯한 다섯 개의 항구를 개방해야 하오. 개방된 항구에는 영사관을 세워 주시오. 또한 청나라가 거둬 간 아편 값도 배상해야 하오."

청나라 조정은 이런 내용을 비롯해 일곱 가지 사항이 담긴 조약을 받아들일 수밖에 없었어요. 이 조약을 남경 조약(난징 조약)이라 불렀지요. 이 조약은 영국에 아주 유리했어요.

남경 조약이 체결되자 유럽의 다른 나라들도 영국과 똑같은 대우를 해 달라고 요구해 왔어요. 청나라는 결국 미국과 프랑스, 그리고 벨기에 등의 나라들과도 똑

같은 조건으로 조약을 맺어야 했어요.

하지만 영국은 생각만큼 큰 이득을 얻지 못했어요. 다섯 개 항구에서만 교역을 해야 했고, 청나라 땅 안으로 들어갈 수가 없었기 때문이지요. 게다가 조약 이후, 청나라 사람들이 국산품 애용 운동을 펼치면서 상품도 잘 팔리지 않았어요. 청나라가 조약의 모든 내용을 아주 성실히 지킨 것도 아니었지요.

영국은 청나라의 문을 활짝 열어젖히기 위해서 또 한 번의 전쟁을 치러야 할 필요성을 느꼈어요.

그러던 1856년 10월, 광주 앞바다에 영국의 배 애로호가 머물고 있었어요. 그런데, 청나라 관리가 수색을

**불공평한 약속,
남경 조약(난징 조약)**
1842년 1차 아편 전쟁을 끝내기 위해 남경(난징)에 머물던 영국 배 안에서 영국과 청나라가 맺은 평화 조약이다.

벌여 해적으로 보이는 선원 하나를 체포했어요. 이를 두고 영국은 발끈했어요.

"그 배는 틀림없이 영국의 국기를 달고 있었는데, 함부로 청나라 관리가 침입한 것은 조약을 어긴 것이오. 게다가 배에 걸려 있던 영국 국기까지 내려 훼손했으니 이에 대해 사죄하고 보상하시오."

청나라 조정은 아니라고 부인하며 보상을 거부했지요. 그러자 영국은 이를 핑계 삼아 프랑스와 함께 청나라를 침략했어요. 제2차 아편 전쟁이 일어난 거예요.

영국과 프랑스 연합군은 이듬해 12월 광주를 점령했어요. 그리고 북경을 향해 빠르게 앞으로 나아갔어요. 그러자 청나라 조정은 다시 겁을 먹고 러시아와 미국에 화해를 위해 중간에서 나서 달라고 했어요. 그리고 서둘러 새로운 조약을 맺기 위한 협상을 벌였지요.

그 결과 천진 조약(톈진 조약)이 체결되었어요.

"청나라는 항구 열 개를 더 여시오. 또한 이제부터 외국인이 청나라 땅 어디든 여행할 수 있도록 해 주시오. 크리스트교도 인정해야 하오."

이런 내용이 포함되어 있었는데, 영국과 다른 나라들에만 유리했지요. 그 때문에 청나라 조정은 절대 이 조약을 인정할 수 없다고 버텼어요.

천진 조약
(톈진 조약)

중국의 천진(톈진)에서 청나라와 서양 여러 나라가 맺은 조약이야.

그러자 영국과 프랑스의 군대는 북경을 향해 군대를 움직였어요. 영국과 프랑스 군대는 북경에 이르러 또다시 물자를 빼앗고 불을 놓았어요. 청나라 조정의 별궁인 원명원까지 쳐들어가 사람을 해치고 물건을 빼앗았어요. 함부로 건물을 부수기도 했지요.

결국 청나라는 천진 조약을 인정하지 않을 수 없었어요. 게다가 새 조약을 또 맺어야 했어요. 바로 북경 조약(베이징 조약, 110쪽)이에요.

🗣️♪ 원명원

청나라 황실 정원이자 별궁으로 1709년부터 1860년까지 황제가 머물며 일을 하던 곳이야.

이 조약으로 청나라는 영국에는 홍콩에 있는 구룡을 넘겨야 했어요. 또한 러시아에는 이 조약을 중재해 준 대가로 연해주를 넘겨주는 굴욕을 당하고 말았어요.

결국 청나라는 불평등한 조약을 맺으면서 사실상 유럽 여러 나라들의 상품 시장이 되고 말았어요.

 흔들리는 민심

광동성 화현에 홍수전이란 사람이 살고 있었어요. 이 즈음, 지방 농민들은 세금에 시달리고 전쟁이 날지도 모른다는 불안감 때문에 먹고살기가 점점 어려워졌어요. 그럼에도 홍수전은 과거 준비에 한창이었어요.

그러던 어느 날, 홍수전은 거리에서 서양인 전도사에게 《권세양언》이라는 책을 받게 되었어요. 크리스트교의 세계와 교리를 설명한 책이었어요.

그리고 얼마 후 1837년 홍수전은 세 번째 과거를 보러 갔다가 실패하여 집으로 돌아왔어요. 그 뒤 큰 병에 걸려 몸져눕고 말았어요.

병을 앓던 홍수전이 하루는 꿈을 꾸었는데, 꿈에서 한 노인이 나타나 이렇게 말하는 것이었어요.

"마귀가 온 세상을 유혹하니, 어서 마귀와 싸워 물리치라!"

그러고는 칼을 건네주었어요. 칼에는 '천왕대도군왕전(天王大道君王全)'이라는 말이 쓰여 있었어요.

잠에서 깬 홍수전은 생각했어요.

'꿈에서 본 노인은 여호와가 틀림없어. 그리고 나는 예수 그리스도의 동생이야. 여호와께서 나에게 세상을 구원하라는 명을 내리신 거야!'

그렇게 믿은 홍수전은 그때부터 《권세양언》에 흠뻑 빠져서 크리스트교에 관심을 가졌어요. 그리고 크리스트교를 전도하기 시작했어요. 이름도 이때부터 홍수전이라고 불리기 시작했지요.

홍수전이 펴낸 책
홍수전은 《원도구세가》, 《원도성세훈》 등 자신의 사상을 담은 책을 펴냈다.

포교

어떤 종교에 대해 알리고 따르라고 설득하는 일이야.

홍수전은 마침내 세상을 구원하겠다는 결심을 했어요. '배상제회'라는 단체를 만들고 포교 활동을 하면서 새로운 나라를 세울 준비를 하기 시작했어요.

홍수전은 먼저 시골 조용한 곳에 수천 명의 사람들을 모아 무기를 만들었어요.

그리고 반란에 참가할 사람들을 모아 놓고 말했어요.

"전 재산을 나라에 바치시오. 그런 후에 생활비를 똑같이 나누어 주겠소. 또한 앞으로 남자와 여자는 각각 다른 막사에 살아야 하며, 부부일지라도 만나서는 안 되오. 이를 어기면 크게 벌할 것이오!"

막사

군인들이 지낼 수 있게 만든 집이나 임시 건물을 말해.

심지어 홍수전은 군대의 규율도 십계명을 따라 매우 엄격하게 만들었어요.

마침내 1851년 1월, '태평천국'이라는 이름을 내걸고 난을 일으켰어요. 홍수전은 스스로 태평천왕의 자리에 올랐어요. 그리고 지도자 다섯 명을 뽑아 왕에 임명했지요.

그들은 곧 영안성을 점령하고 세력을 넓혀 갔어요. 청나라 조정에서는 영안성을 포위하면서 진압하려 했어요. 하지만, 장수들 여럿이 죽는 등 태평군을 당해 내지 못했어요.

영안성

중국 남동부에 있던 성이야.

태평군

태평천국의 군사를 일컫는 말이야.

오히려 태평군의 힘은 점점 더 커지기만 했지요. 왜

냐하면 청나라 조정은 능력이 없었고, 그
럴수록 농민들은 힘들게 살아야 했으니
까요.

"남자와 여자, 부자와 가난한 사람이라
고 차별해서는 안 되오. 그러기 위해서
우리는 각 사람이 재산을 모아 두지 말고
토지를 똑같이 나누어 가져야 하오."

태평천국의 옥새
홍수전은 태평천국의 왕으로서
옥새까지 갖추었다.
금, 은, 나무로 된 세 가지
옥새를 사용했다고 전해진다.

그렇게 외치고 다니자 수많은 사람들이
너도나도 태평군에 들어갔던 거예요. 처음에는 고작 2
만 명에서 시작했던 태평군은 금세 수십만 명으로 불
어났지요. 그런 덕분에 태평군은 순식간에 강남(양쯔
강의 남부) 지방을 차지할 수가 있었답니다.

한때는 당해 낼 적이 없던 청나라의 팔기군도 태평군
에게 남경을 내주고 말았지요.(1853년)

이때 홍수전은 남경을 천경이라 고쳐 부르고, 이곳을
태평천국의 도읍으로 삼았어요. 그리고 새로운 토지 제
도를 발표했어요.

"자기 재산을 모으려 애쓰지 마시오. 천하의 모든 토
지는 천하의 사람이 경작해야 하오. 그러므로 경작지를
한 사람이 가져선 안 되오. 나라가 농민에게 경작지를
골고루 나누어 주겠소. 농민들은 농산물을 수확하면 각

자 먹을 것만 남기고 나머지는 나라에 바치시오."

이 소식을 들은 북경의 청나라 조정은 발칵 뒤집어졌어요. 반란의 규모가 생각보다 크다는 사실에 깜짝 놀란 거예요. 게다가 팔기군을 비롯한 정부의 군대가 생각보다 너무나 약하다는 사실에도 놀랐지요. 그래서 조정은 전국 각지의 군대를 동원하도록 명령을 내렸어요.

하지만 태평군은 곧 3~4만의 군사를 준비해 북쪽으로 갈 군대를 만들었어요. 그리고 마침내 북경을 향해 출발했어요. 오래지 않아 북경의 코앞 천진 가까이까지 다다랐어요. 하지만 이때부터 청나라 조정의 군사들이 거세게 막는 바람에 태평군은 차츰 힘들어졌지요.

그리고 때마침 지방의 힘 있는 사람들이 보통 사람들을 모아 의용군을 만들고 태평군과 맞서기 시작했어요. 특히 증국번이라는 청나라 정치가는 무장 의용군인 단련을 만들라는 황제의 명을 받고 군대를 일으켰어요. 이를 상군이라고 불렀지요.

의용군
나라의 위기를 구하기 위해 관리나 군인이 아닌 사람이 모인 군대야.

상군
약해진 팔기군을 대신하도록 증국번이 만든 군대란다.

증국번은 상군을 철저하게 훈련시킨 뒤 태평군을 공격했어요. 상군은 정규군보다 급료가 높아서 전투력도 좋고, 똘똘 뭉치기도 잘했어요. 상군은 태평군의 반격으로 위기에 빠지기도 했지만, 태평군의 기세를 꺾는 데는 큰 도움을 주었어요.

이때, 청나라에 들어와 있던 서양의 여러 나라들은 태평천국의 난을 지켜보기만 했어요. 왜냐하면 서양 나라들에게는 태평천국군이 크리스트교를 따르는 것처럼 보였기 때문이에요.

하지만 얼마 지나지 않아, 태평천국군이 청나라에 들어온 다른 나라의 활동을 반대하기 시작하자 생각을

**농민들이 참가한
태평천국의 난**
살기 어려웠던 농민, 떠돌이,
수공업자 등이 세상을 바꿔
보려 나섰다. 하지만 청나라
군대는 만만치 않았다.

바꾸었지요. 태평천국군이 해가 될지 모른다는 생각을 하게 된 거예요. 그 때문에 태평천국의 난을 억누르는 데 앞장서기 시작했어요.

이들은 뛰어난 무기를 앞세워 곳곳에서 태평군을 무찔렀어요. 이렇게 외국군은 싸움만 하면 이겼지요.

이런 와중에 태평천국 안에서 지도자들끼리 권력 다툼이 일어났어요. 홍수전은 지나치게 권위를 내세웠고, 다섯 명의 왕들은 서로를 죽이고 배신하기를 거듭했어요. 그러자 태평천국을 지지하던 백성들도 점차 떠나갔어요. 태평천국은 마침내 위기를 맞게 되었지요.

결국 1864년 7월, 태평군은 차지하고 있던 남경을 빼앗기고 말았어요. 태평천국을 이끌던 홍수전은 남경을 빼앗기기 1개월 전 병으로 사망했다고 전해져요.

이렇게 태평천국의 난은 조용해졌지만, 청나라 조정

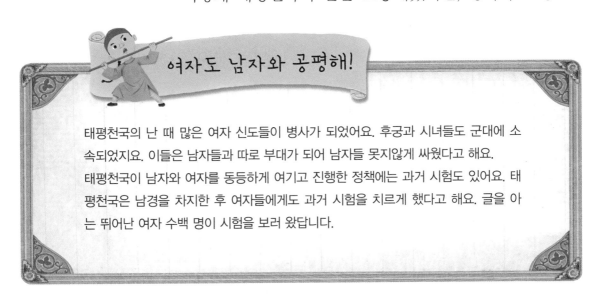

여자도 남자와 공평해!

태평천국의 난 때 많은 여자 신도들이 병사가 되었어요. 후궁과 시녀들도 군대에 소속되었지요. 이들은 남자들과 따로 부대가 되어 남자들 못지않게 싸웠다고 해요. 태평천국이 남자와 여자를 동등하게 여기고 진행한 정책에는 과거 시험도 있어요. 태평천국은 남경을 차지한 후 여자들에게도 과거 시험을 치르게 했다고 해요. 글을 아는 뛰어난 여자 수백 명이 시험을 보러 왔답니다.

이 안정된 것은 아니었어요. 이를 계기로 뒤이어 크고 작은 반란이 연이어 일어났고, 그런 일들이 잦아지자 자연스레 청나라의 경제는 무너지기 시작했답니다.

청나라가 아편 수입과 외세를 막기 위해 어떻게 했다면 좋았을까?

청나라 사람의 생활

청나라 사람의 생활에는 한족과 만주족의 풍습이 어우러져 있었어요.
1866년 조선 고종의 명으로 북경에 다녀온 홍순학은 청나라 기행문
《연행가》에서 청나라 사람이 이를 닦지 않아 이가 누렇고 손톱 길이가
약 15센티나 되는 사람도 있어 깜짝 놀랐다고 말해요.
집은 대부분 창틀을 녹색으로, 문은 붉은 색으로 칠해 화려했고
시내는 번화했다고 해요.

집

청나라 집은 ㅁ자 모양이 많았어요. 세 면은 벽이나 방이고,
한 면은 대문이었지요. 가운데는 마당이었고요.
각 면에는 침실도 있고, 창고, 가축을 키우는 곳도 있었어요.

음식

청나라 때는 만주족과 한족의 음식이 뒤섞이기 시작했어요.
이전까지는 쌀을 중심으로 한 음식이 많았는데, 청나라 때에는 기름에 튀긴
음식들이 주를 이루게 되었어요. 또한 가축을 많이 기르게 됨으로써
육식 문화가 발달했지요.

옷

청나라 사람들은 남녀를 가리지 않고
삼베나 비단, 양모 등으로 만든 창파오를 입었어요.
보통은 목까지 여밀 수 있었고, 소매는 좁았어요.
안에는 바지를 입었어요. 비싼 비단옷은 아무나
입을 수 없었지요.

머리 모양

남자는 주로 앞머리를 자르고
뒷머리를 길러 땋아 내리는 변발을 했어요.
이는 만주족 고유의 풍습이에요.

5장 외세에 흔들린 조선과 일본

19세기 서양 세력의 접근

러시아

청

제너럴 셔먼호 사건
(1866년)

평양

조선

강화도

병인양요
(1866년)

동해

신미양요
(1871년)

일본

태평양

미일 수호 통상 조약
(1858년)

내 이름은 신이치야. 에도에 살고 있지. 올해 꼭 열네 살이 되었어. 무사 가문에서 태어났지만, 내 꿈은 무사가 아니야. 영국이나 미국으로 유학을 가는 거야. 지금 일본이 서양 나라들한테 꼼짝 못하는 건 서양의 과학이나 기술 때문이거든. 계속 모르면 일본은 그들보다 수십 년씩 뒤처질거야. 그러지 않으려면 나라도 하루빨리 발달한 서양 문물에 대해 배워야 해. 언젠가는 꼭 외국으로 가는 배를 타고 말 거야.

조선의 르네상스, 영·정조 시대

숙종의 뒤를 이은 경종(20대)이 일찍 세상을 떠나고, 영조(21대)가 왕이 되었어요. 영조는 왕위에 오르자마자 신하들에게 글을 내려 이렇게 일렀어요.

문벌

한 가문에 대대로 내려오는 신분이나 지위를 말해.

나라를 제대로 다스리기 위해서는 오로지 재능에 따라 사람을 써야 한다. 그런데 요즈음에는 어찌 문벌만 따지고 재주는 따지지 않는가. 이러고서야 어찌 나랏일이 제대로 되기를 바라겠는가. 이제부터라도 그 재능이 적절한지 따져 보고 벼슬아치를 가려 쓸 것이다.

붕당

조선 시대에 학문, 정치적인 입장에 따라 모였던 무리를 말해. 오늘날 정당과 비슷해.

영조는 붕당 싸움을 그 누구보다 싫어했어요. 그 자신도 붕당 싸움의 소용돌이에서 죽을 뻔한 적이 있기 때문이었지요. 그런 경험을 한 터라 영조는 붕당 싸움을 한시라도 빨리 뿌리 뽑아야 한다고 생각하고 있었어요. 그래서 신하들에게도 여러 번 강조했어요.

"앞으로 신하들은 조정에서 나랏일을 의논할 때 붕당의 이름을 말하지 말라. 문서에도 그 붕당의 이름을 쓰지 말 것이며, 나아가 붕당이 다르다 하여 함부로 비난하거나 해치는 말을 하지 말라."

그리고 영조가 빼어 든 칼은 탕평책이었어요. 영조는 노론 사람을 영의정으로 세우면, 소론 사람을 좌의정에 세워서 서로 힘의 크기를 맞추도록 했어요. 판서 자리에 노론 사람을 앉히면, 참판 자리에는 소론 사람을 앉혀서 균형을 맞추었고요.

뿐만 아니라 붕당의 힘을 키우는 서원을 짓지 못하게 했어요. 비록 한 번밖에 실시되지 않았지만, 탕평과라는 새로운 과거 시험으로 인재를 골고루 뽑기도 했지요. 또한 같은 붕당의 사람들끼리 혼인하지 못하도록 법을 정했어요. 붕당들이 나쁜 뜻을 모아 한데 뭉치지 못하게 하기 위해서였지요.

그러자 신하들은 점차 임금을 두려워하게 되었고, 왕의 힘은 더 강해졌어요.

곧이어 영조는 백성들을 돌보는 일에 몰두했어요. 가장 먼저 불합리한 법을 고쳤어요.

"아무리 죄인이라도 사람의 목숨보다 소중한 것은 없으니 앞으로는 심하게 고문하지 말라. 그리고 사형수에 대해서는 반드시 세 번에 걸쳐 심사하라! 또한 관아의 결정 없이 양반이 함부로 백성들에게 형벌을 가하지 말라. 신문고 제도를

서원

조선 시대에 선비들이 모여서 공부하고 선배 학자에게 제사를 지내던 곳이었어.

위기에 빠졌던 영조

경종이 왕이 되자 소론은 노론이 지지하는 연잉군(영조)을 죽이려 들었다. 이때 인원 왕후가 보살펴 주어 겨우 목숨을 건질 수 있었다.

부활시켜 백성들의 어려움을 듣도록 하라!"

이어 영조는 백성들의 세금 부담을 덜어 주기 위해서 균역법을 시행하도록 명령했어요.

나아가 신분 제도를 뜯어고쳐 서자라도 벼슬을 할 수 있게 했어요. 그리고 부모 중 한쪽만 양인이면, 나머지 한쪽이 천민이라도 양인 대접을 받게 했지요.

영조는 책을 읽고 글을 쓰는 일도 게을리하지 않았지요. 조선 시대 음악책 《악학궤범》의 시작하는 글을 직접 썼고, 장수들을 위해 《위장필람》이라는 책도 지었어요. 여기에 더하여 선비들이 꼭 읽어야 하는 글이면 다른 사람의 글이라도 인쇄하여 널리 읽도록 했어요. 법을 담은 《속대전》, 제사 지침을 담은 《속오례의》와 같은 책이 이때 나왔지요.

그러나 가장 큰 학문적 성과는 새로운 학문이라 일컬어지는 실학이 점차 뿌리내린 것이었어요. 뛰어난 실학자 이익의 《성호사설》도 세상의 빛을 보았지요.

하지만 이런 노력에도 불구하고 영조는 붕당 싸움에 휘말려 사도 세자를 죽음으로 몰아넣고 말았어요.

그 탓에 사도 세자의 아들인 정조가 1776년 영조의 뒤를 이어 즉위했지요.

아버지 사도 세자와 할아버지 영조가 그랬듯이 새 임

균역법

백성들이 국방의 의무로 내던 베(군포) 2필을 1필만 내도록 줄인 법이야.

서자

양반과 양민 여자 사이에서 태어난 아들을 말해.

실학

조선 시대에 명분과 형식을 강조하는 성리학보다 현실 생활에 도움이 되는 문제들을 연구하던 학문이야.

금이 된 정조(22대) 역시 붕당 싸움 속에서 여러 차례 죽음의 고비를 넘겼어요. 이에 정조는 외할아버지 쪽 집안사람 홍국영을 동부승지로 임명하여 자신을 따라 다니며 보호하게 했지요. 홍국영은 정조가 세손이었던 시절부터 그를 보호하며 지켜 낸 인물이기도 했어요.

"그대가 나랏일을 돌보아 주시오. 나는 책이나 읽으며 억울하게 돌아가신 아버님을 위로해야겠소."

그리고 정조는 규장각을 짓게 했어요. 규장각에 책을 모아 보관하고 독서에 집중했어요. 새로운 인재를 불러들여 책을 읽으며 토론하는 일에 신경을 쏟았어요.

그동안 나랏일을 한 손에 거머쥐고 흔든 것은 홍국영이었어요.

홍국영은 정조의 신임을 얻어 도승지가 되었고, 왕궁을 보호하고 정조를 경호하는 숙위소의 대장도 맡았어요. 모든 권력을 가진 거나 마찬가지였어요. 이에 따라 온 나라의 감사(126쪽)나 수령(126쪽)이 홍국영에게 고개를 숙였고, 궁궐 안 관리들은 모두 홍국영의 명령을 임금의 명령처럼 따랐어요. 홍국영은 여동생까지 정조에게 후궁으

동부승지

조선 시대 왕의 명령을 신하에게 전하고, 신하가 올린 글을 왕에게 전하는 일을 하는 승정원의 관리야.

왕실 도서관, 규장각
정조가 즉위한 해에 창덕궁 후원에 세운 왕실 도서관이자 학문 연구 기관이다.

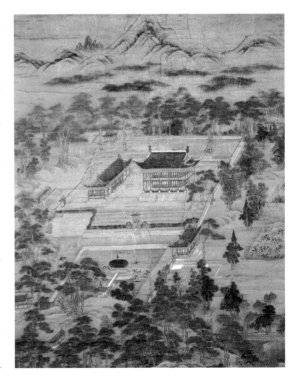

감사

조선 시대 각 도의 으뜸 벼슬을 일컫는 말이야.

수령

조선 시대 지방 각 고을을 다스리던 관리들을 가리키는 말이야.

정약용

1789년 과거에 급제한 이후 정조의 옆에서 여러 벼슬을 지냈어. 조선 시대의 대표적인 실학자야.

박제가

1750년 서울에서 서자로 태어났어. 하지만 열심히 공부해서 1794년 과거에 급제한 후 실학자로 학문을 펼쳤어.

로 시집보내며 권력을 지키려 했어요.

그렇게 4년이 흐르자 두고만 볼 수 없었던 정조가 홍국영을 자리에서 물러나게 했어요.

정조는 홍국영이 빠져나간 자리에 새로운 신하들을 채워 넣었어요. 그들 대부분은 규장각에서 뽑은 새로운 인재들이었지요. 이미 규장각에는 많은 인재들이 정조의 부름을 기다리고 있었어요. 정약용, 박제가, 유득공, 이덕무와 같은 사람들이었지요. 이들은 나라를 새롭게 바꾸기 위한 생각들로 가득 차 있었어요.

"상감마마, 청나라는 더 이상 오랑캐가 아닙니다. 그들은 서양의 과학 기술을 받아들여 우수한 문화를 가지고 있습니다. 그들을 미워할 것이 아니라 오히려 배울 것은 배워야 하옵니다."

박제가가 이렇게 말했어요. 정약용도 말했지요.

"그러하옵니다. 소인은 예전부터 이익 선생님을 스승으로 생각하고 있사옵니다. 그런데 선생님께서 말씀하시기를 '이 나라의 학자들은 중국의 역사나 제도만 잘 알고, 그것을 줄줄 외워야만 훌륭한 학자라 하는구나. 또한 중국의 학자들에 대해서만 말하며 그들의 말씀이 어떻다느니 하면서 싸움만 일삼고 있지 않은가. 이제부터는 우리나라에 대해서 바로 알고, 진정 이 나라 백

성을 위한 공부를 해야 할 것 아닌가?'라고 말씀하셨습
니다."

정조는 이들의 말을 모두 귀담아들었어요. 그리고 조
선이 앞으로 많이 변하고 바뀌어야 한다는 생각을 하
게 되었어요.

정조가 가장 먼저 손을 댄 것 중 하나는 군사 제도였
어요.

"임진왜란 이후 중앙 정부는 지방 군사를 제대로 지
휘하지 못하고 있다. 군사들이 훈련도 잘 안 되어 있다.
이러니 일이 생겼을 때 어찌 대응할 수 있겠는가! 조선
의 군사 체제를 고쳐 강한 군사들로 만들겠다!"

암행어사의 상징, 마패
암행어사는 조선 시대 왕의
특별한 명령을 받고 지방에
간 임시 관직이었다.
이들은 주로 말 2필이 새겨진
마패를 들고 다녔다고 한다.

권한
어떤 사람이나 기관의 힘이
미치는 범위를 말해.

거중기
정약용이 서양 과학기술 책
《기기도설》을 보고 도르래의
원리를 이용해 고안했어.

물론 여기에는 군사를 움직일 수 있는 권한을 확실하게 챙겨 왕의 힘을 강하게 만들려는 목적이 있었어요.

정조는 백성들의 어려운 살림살이를 돌보는 것도 잊지 않았어요. 이를 위해서 정조는 암행어사 제도를 충실히 활용했지요. 이미 영조 때 암행어사 박문수가 그 일을 잘해 냈던 것처럼, 정조는 암행어사를 전국에 보내서 백성들의 살림살이에 대해 보고를 받고 백성들을 괴롭히는 수령들을 찾아 벌을 주었어요.

이런 정조의 생각을 누구보다 잘 받들고 실천한 사람이 정약용이었어요. 정약용은 수원으로 자주 행차하는 정조를 위해 배다리를 설계했고, 거중기를 고안해 내서 화성을 짓는 데 크게 도움이 되었어요. 그 덕분에 무려 4만 냥의 돈을 절약할 수 있었고, 공사 기간도 짧게 줄일 수가 있었지요.

이처럼 조선은 새로운 시대를 맞을 채비를 하고 있었어요.

그러던 1800년의 어느 날, 정조는 종기를 앓기 시작했어요. 아무리 약을 써도 듣지 않았지요. 그러다가 별

안간 세상을 떠나고 말았어요. 새롭게 변해 가던 조선의 움직임은 그만 멈추게 되었답니다.

 조선의 문을 닫아걸다

정조가 세상을 떠난 뒤, 조선은 다시 혼란에 휩싸였어요. 어린 순조가 왕위에 오르자 영조의 두 번째 왕비인 정순 왕후가 수렴청정을 하기 시작했어요. 순조를 대신해 조정을 이끈 거예요.

정순 왕후는 천주교도들이 부모와 조상에 대한 도리를 다하지 않는다는 핑계를 대며 1801년 천주교 박해 (신유박해)를 일으켰어요. 이때 무려 300여 명이 넘는 천주교 신자들을 죽였어요. 이즈음에 실학자 정약용도 유배를 떠나야 했지요.

정순 왕후가 죽은 뒤에는 한동안 안동 김씨와 풍양 조씨를 중심으로 한 세도 정치가 계속되었어요. 이들 세력은 벼슬자리를 돈으로 사고팔았으며, 제 뱃속만 챙기느라 백성들의 생활을 돌보지 않았어요. 백성들의 삶은 말이 아니게 어려워졌어요.

결국 1811년 12월 평안도에서 홍경래가 스스로를

 수렴청정

나이 어린 임금을 대신해 임금의 할머니뻘 되는 대비나 왕대비가 나랏일을 이끄는 걸 말해.

헌종
순조의 손자로 조선 제24대
왕이야.

철종
왕족이지만 가족과 강화도에
유배되었다가 19세에 조선
제25대 왕이 되었어.

섭정
왕이 직접 나라를 다스릴 수
없을 때 왕을 대신해 나라를
다스리는 일이야.

'평서대원수'라 하며 반란을 일으켰어요. 홍경래는 곧장 평안도의 정주성으로 가서 농민들의 환호를 받았어요. 그 때문에 조정은 바짝 긴장했어요. 관군이 거듭 공격하고 반란군 지도층에서 다툼이 생긴 끝에 난은 가까스로 잠잠해졌지요.

하지만 조선의 임금이 헌종과 철종으로 바뀌는 동안에도 진주 등 여러 지역에서 백성들이 크고 작은 난을 일으켰어요. 조정에서는 뒤늦게 민란을 막으려 했지만, 이미 떠난 백성들의 마음은 돌아오지 않았어요.

그러던 중 고종이 왕이 되면서 몇몇 가문이 나라를 쥐고 흔드는 세도 정치는 마무리되었어요. 임금의 아버지 흥선 대원군이 섭정을 하면서 과감한 정책을 펼치기 시작했기 때문이에요.

"붕당과 문벌을 따지지 않고 인재를 뽑겠다!"

대신들에게 이렇게 외친 대원군은 각 붕당에서 골고루 사람을 뽑아 벼슬자리에 앉혔어요. 불편한 정치 제도를 고치고, 토지 제도와 세금 제도까지 손을 댔어요.

"앞으로는 양반도 군포를 내도록 하라!"

그 명령에 따라 양반까지 세금을 내야 했고, 그런 덕분에 나라 경제 상황이 몰라보게 좋아졌지요. 대원군은 한발 더 나아갔어요.

"양반이든 아니든 모든 백성의 사치를 금한다. 벼슬아치는 함부로 모직과 짐승의 가죽으로 꾸며 입지 말라. 서민들도 비단옷을 입지 말라!"

형식보다는 편리하고 간편하게 옷을 입도록 한 거예요. 나쁜 풍습도 없애 나갔어요. 또한 붕당 싸움이 심해진 뒤로 자기 패거리들을 많이 길러 내 온 전국의 서원을 일부만 남기고 문을 닫도록 명령을 내렸지요. 경복궁을 새로 지어 왕실의 권위를 높이기도 했고요.

서원의 문을 닫는 것에 대해 유림의 반발도 거셌고, 경복궁을 짓는 데에 강제로 동원된 백성들의 원성을 사기도 했지만 나라 안은 차츰 안정되었어요.

하지만 이번에는 밖에서 문제가 일어났지요. 낯선 배가 자꾸 나타났거든요. 이 배를 이양선(132쪽)이라 불렀어요.

1860년 이후 러시아는 끊임없이 동해안으로 군함을 보내 뭔가를 재고, 조사하느라 바빴어요. 대포로 무장을 한 영국의 상선이 해미현(132쪽)에 머물며 무역을 하자고 보채기도 했어요. 그런가 하면 미국인이 탄 제너럴 셔먼호는 대동강을 타고 올라와 평양까지 이르렀어요.

🗣️ **유림**

유학을 따르는 무리를 말해.

왕의 살아 있는 아버지, 흥선 대원군
영조의 5대손으로 아들 고종이 12세에 왕위에 오른 뒤 10년간 고종 대신 나라를 이끌었다.

이양선

모양이 다른 배라는 뜻으로 조선 말기에 조선에 나타난 서양의 배를 가리켜.

해미현

오늘날 충청남도 서산 지역이야.

"우리 면직물과 그릇을 그대들의 종이와 쌀, 인삼 등과 바꾸고 싶으니 길을 막지 마시오."

이렇게 요구하며 떼를 쓰기도 했어요. 평양의 벼슬아치들이 거부하자 제너럴 셔먼호의 미국인들은 이를 무시하고 강바닥 깊이를 재는 등 마음대로 했지요. 이를 막는 조선과 제너럴 셔먼호는 포까지 쏘며 팽팽하게 맞섰고, 결국 제너럴 셔먼호가 침몰하고 말았어요.

이어 로즈 제독이 프랑스의 군함을 이끌고 나타나 대포를 쏘면서 강화도를 점령했어요. 이들은 천주교 박해 사건 때 프랑스 신부가 죽임당한 데에 대해 보복하겠다고 발표했어요. 강화도에 온 프랑스군은 강화성을 공격해 부수었어요. 조선 조정에서는 뒤늦게 관군과 총을 잘 쏘는 포수를 모아 프랑스군을 무찔렀지요. 프랑스군

은 물러가면서 외규장각에 보
관되어 있던 조선의 오래된 보
물들을 빼앗아 갔어요. 이 사건
을 병인양요라 해요.

이어 1871년 2월 북경에 있던 미국 공사 로우가 청나
라를 통해 조선에 편지를 보내왔어요.

외규장각

1782년 정조가 왕실의 책을
안전하게 보관하기 위해 강
화도에 만든 도서관이야. 규
장각 부속 도서관이었지.

얼마 전 제너럴 셔먼호가 조선의 대동강에서 침몰했소.
이 사건을 조사하고 조선에 책임을 묻고자 하오. 나와 함께
미국의 군함이 갈 것이니 우리와 의논해 주기 바라오. 그렇
지 않으면 매우 나쁜 일이 일어날 것이오.

그러나 대원군은 꼼짝도 하지 않았어요. 그러자 미군
함대 사령관 로저스는 군함 다섯 척에 1,200여 명의 군
사를 싣고 아산만의 풍도로 몰려왔어요. 이미 미군이
침략할 걸 예상하고 있던 조정에서는 전투 준비를 서
둘렀어요.

"무장 어재연을 강화도로 보내라!"

명령을 받은 어재연은 즉시 강화도로 달려 내려가 광
성보와 초지진에 군사를 두고 대포도 준비해 두었지
요.

광성보, 초지진

조선 효종 때 설치된 것으로
강화 해협을 지키는 중요한
요새였어.

서양의 침입을 막는 다짐, 척화비

1871년 고종 8년에 흥선 대원군이 전국 각지에 세웠다.

얼마 후, 강화 앞바다에 미군이 나타났어요. 미군은 초지진에 대포를 쏘아 점령했어요. 광성보도 미군의 손에 떨어졌지요. 강력한 대포 공격을 막아 낼 수 없었던 거예요. 미군은 어재연의 목을 베어 전쟁에 이긴 기념으로 가져갔어요. 이때, 조선 병사 350여 명이 죽고 20여 명이 부상을 당했지요. 미군은 미국 국기인 성조기를 내걸었어요.

미군은 곧 물러갔지만, 대원군은 분노가 끓어올랐어요.

대원군은 신하들에게 말했어요.

"지금까지 서양 오랑캐가 저지른 짓을 보았을 것이오. 앞으로 그들과 사이좋게 지내자고 하는 사람은 나라를 팔아먹으려는 걸로 알겠소. 그런 사람들은 죽음을 각오해야 할 것이오. 온 나라 바닷가에 이런 다짐을 새긴 척화비를 세우고, 목숨을 걸고 저들의 침략을 막아 내야 하오."

대원군의 뜻에 따라 바닷가 곳곳에 척화비를 세웠어요. 척화비에는 이렇게 쓰여 있었지요.

서양 오랑캐가 쳐들어오는데 싸우지 않는다면 친하게 지내는 것이다. 친하게 지내자고 하는 일은 나라를 팔아먹는 짓이로다!

이때부터 대원군은 조선의 문을 꼭꼭 닫아걸었어요.

 일본의 개항

1830년대, 일본에는 가뭄이 아주 심하게 들었어요. 사람들은 굶주렸고, 전염병에 시달렸어요. 수없이 많은 사람들이 목숨을 잃었지요. 그럼에도 불구하고 막부의 관리들은 백성들을 제대로 돌보지 않았어요. 이 틈을 타 상인들은 쌀을 모조리 사들였어요. 쌀값이 오를 때 비싸게 팔려는 것이었지요. 이 때문에 더 많은 사람들이 목숨을 잃었어요.

이때 오사카의 한 관리였던 오시오 헤이하치로가 백성들을 구하기 위해 일어섰어요. 오시오 헤이하치로는 뜻이 맞는 사람들과 함께 지방의 부자와 상인들의 집을 털어 쌀을 빼앗았어요. 그것을 가난한 사람들에게 나누어 주었지요. 이들의 세력은 크지 않아서 곧 관군

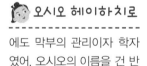
오시오 헤이하치로
에도 막부의 관리이자 학자였어. 오시오의 이름을 건 반란이 전국에서 일어났지.

에게 억눌리고 말았어요.

　하지만 이 모습을 보면서 백성들은 막부에 대해 실망
했어요. 실망은 커질 대로 커졌지요. 그렇지 않아도 조
금씩 금이 가기 시작한 막부 체제는 더욱 빠르게 흔들

리기 시작했어요.

　마침 이때부터 서양 나라들이 일본에 무역을 하자며
달려들었어요. 일본은 더욱 불안해졌어요. 이전부터 쇄
국 정책을 펴고 있던 일본 막부는 러시아가 홋카이도
에 나타나 교역하자고 하자 이를 거절하고 오히려 해
안을 더욱 철저히 지켰어요.

　이어 영국도 일본에 모습을 드러냈어요. 영국은 끈질
기게 일본 바닷가에 나타나 문을 열라고 했어요. 하지
만 막부는 러시아 때와 마찬가지로 철저하게 문을 닫
아걸고 못 오게 막았어요.

　그러던 1853년, 미국의 국기인 성조기를 단 군함 네
척이 우라가 앞바다에 나타났어요. 이 탓에 조용하고 평
화롭던 작은 어촌 마을이 발칵 뒤집혔지요. 이 함선에
탄 미국의 페리 제독(139쪽)은 항구를 열라며 대포를 앞

홋카이도
일본 북쪽에 있는 섬이야.

세워 겁주었어요. 일본 막부는 회담을 거절하다가 미국의 끈질긴 요구에 밀려 1년 후에 보자고 설득하여 돌려보냈어요. 그 사이에 좋은 방법을 찾으려 한 거예요.

그러나 페리 제독이 돌아간 뒤, 일본 막부는 문을 열지 말지 어떤 판단도 내리지 못했어요. 한편에서는 서양 세력을 무조건 물리쳐야 한다고, 또 다른 쪽은 서양과의 교역을 허락해야 한다며 다투었어요.

이듬해 2월, 페리 제독은 다시 함대를 이끌고 에도만 깊이 들어왔어요. 막부는 서양의 침략을 막아 내기 힘들다는 사실을 알고 있었어요. 결국 막부는 문을 열기로 결정했지요. 막부는 화친 조약을 맺고 미국에 문을 열었어요. 그리고 곧이어 영국과 러시아와도 조약을 맺고 항구를 열어 주기로 결정했지요.

그러나 미국은 여기서 멈추지 않았어요. 일본을 상품 시장으로 만들어 경제적 이익을 얻고 싶었거든요. 미국은 일본 막부에 통상 조약을 다시 맺자고 위협했어요.

이때 막부는 천황의 허락을 받으려 했어요. 막부가 조약 체결을 책임지는 것이 두려웠기 때문이지요. 막부가 단독으로 조약을 맺을 경우, 그 비난을 피할 수 없을 게 뻔했어요.

그래서 막부의 관리는 선물을 사들고 교토의 천황을

화친 조약

나라 사이에 싸우지 않고 지내기 위해 맺는 조약이야.

찾아갔어요. 천황이 동의해 준다면, 조약에 권위가 생길 것이기 때문이었어요. 하지만 천황은 반대했어요. 외국 세력을 애초부터 달가워하지 않았던 데다 주위에는 막부를 반대하는 사람들이 몰려 있었기 때문이에요.

그러는 사이 미국의 해리스 영사는 거듭 막부를 재촉해 댔어요.

"이미 청나라도 아편 전쟁을 통해 영국과 여러 서양 나라에 문을 열었소. 청나라를 물리친 함대가 곧 일본을 정벌하기 위해 들이닥칠 것이오."

그 말에 막부는 어쩔 줄을 몰랐어요. 자칫하면 청나라 꼴이 날지도 모른다는 생각을 하게 된 거예요. 마침

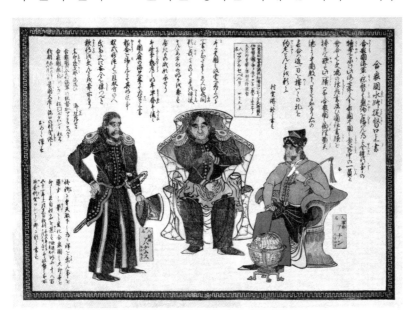

😊 **미일 수호 통상 조약**

일본과 미국이 1858년 가나가와 현 앞바다의 배 위에서 맺은 조약이야. 미국에 유리한 조약이었지.

페리 제독과 미국의 고위 관리들
가운데 있는 페리 제독은 1794년 미국 북동부에서 해군의 아들로 태어나 1809년 군인이 되었다. 결국 일본을 개항하게 만들었다.

내 막부는 천황의 허가 없이 미일 수호 통상 조약을 맺고 말았어요.

이 조약으로 미국은 일본에 상품을 팔 수 있게 되었어요. 뿐만 아니라, 미국인이 저지르는 범죄에 대해서도 재판할 권리를 잃고 말았어요. 그것이 조약 내용의 핵심이었기 때문이에요.

이런 내용들은 일본에 너무나 불리했지요. 천황과 여러 다이묘들을 비롯해 수많은 사람들이 막부를 비난했어요. 막부는 자신들의 입지를 지키기 위해 개항에 반대하는 자들을 모두 잡아 사형에 처하는 등 강하게 나갔어요.

훗날 무사들의 모범이 되는 요시다 쇼인도 이 무렵에 목숨을 잃었지요. 요시다 쇼인은 원래 조슈 지역의 하급 무사였는데, 미국 함대를 직접 목격하고 몰래 배에 타려 했어요. 서양의 힘이 얼마나 대단한지 알고 싶어서였어요. 하지만 페리는 요시다 쇼인을 붙잡아 막부에 넘겼어요.

막부는 요시다 쇼인을 집에 가두었어요.

다이묘

막부 시대의 무사 계급으로 지방에 많은 땅을 가진 영주였어.

요시다 쇼인

1830년 조슈번 하급 무사의 아들로 태어났다. 무사이자 교육가로 기존 세력은 타락했고 천황만이 일본을 살릴 수 있다고 주장했다.

이때 요시다는 더욱 열심히 책을 읽고 공부했어요. 제자를 길러 내기도 했지요. 조선 침략의 주역인 이토 히로부미도 요시다 쇼인의 제자였어요.

요시다 쇼인은 공부를 한 뒤 외국이 주도하는 개혁을 철저히 반대했어요.

"외국에 끌려 문을 열면 나라 체면이 서지 않습니다."

그러나 막부는 요시다 쇼인의 말에 귀 기울이지 않았어요. 그러자 요시다는 나라 문을 여는 데 앞장선 막부의 관리 마나베 아키카츠를 살해할 계획을 세웠어요. 하지만 그 음모가 발각되어 사형에 처해지고 말았지요.

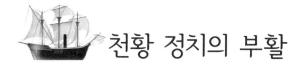# 천황 정치의 부활

일본의 개항은 현실이 되고 말았어요. 요시다와 같은 하급 무사들이 가진 막부에 대한 불만은 더욱 커져만 갔어요. 자신의 동료와 윗사람의 죽음을 겪었기 때문이기도 했어요. 그리고 마침내 이들 사이에서는 천황을 받들어 외국 세력을 물리치자(존왕양이)는 생각이 퍼져 나갔어요. 막부의 잘못을 바로잡고, 나라를 바로 이끌 사람이 천황밖에 없다는 생각을 하게 된 것이지요.

당장이라도 싸울 준비가 되었다며 남들보다 앞에 나서는 급진파들이 생겨났어요. 사쓰마번, 미도번, 조슈번의 하급 무사들이었어요. 이들은 어떤 희생이라도 치르겠다고 각오하고 천황이 사는 교토로 모여들기 시작했어요. 그들에게 천황은 어느 때보다 신성한 존재로 보였고, 정신적인 중심이 되었어요.

천황을 받들어 외국 세력을 물리치려는 무사들은 천황의 허락 없이 조약을 체결한 막부의 관료 이이 나오스케를 암살했고, 영국 공사관을 공격하기도 했어요. 해안가의 네덜란드와 프랑스 배를 공격하기도 했고요.

마침내 막부는 군사들을 동원해 존왕양이파를 습격했어요. 서양 세력들도 존왕양이파가 활동하는 중심지를 포격하여 파괴했지요. 존왕양이파의 활동은 급속하게 수그러들고 말았어요.

하지만 존왕양이파는 각 지방을 중심으로 무사를 모아 막부와 싸울 준비를 했어요. 이에 막부는 프랑스 등 외국의 힘을 빌어 존왕양이파의 근거지 중 하나인 조슈번을 공격했어요. 처음에는 존왕양이파가 항복을 선언했어요. 하지만 또다시 다른 존왕양이파가 조슈번에

메이지 천황
일본 제122대 천황으로 1852년 태어났다. 메이지 유신을 주도하고 한일병합을 밀어붙였다.

이이 나오스케
1815년 히코네 번주 이이 나오나케의 14번째 아들로 태어나 1858년 에도 막부의 최고 관리가 되었어.

서 세력을 일으켰지요. 그러자 막부는 2차 정벌에 나섰어요. 막부는 이 싸움에서 졌고, 결국 위기에 몰렸어요.

막부 체제에 강력하게 반기를 들었던 조슈번과 사쓰마번, 도사번의 무사들이 힘을 합쳐 일어났어요.

"막부를 무너뜨리자!"

1868년, 결국 마지막 쇼군 요시노부가 천황에게 정권을 되돌려 주었어요. 몇 백 년 동안 유지했던 막부 체제가 무너지고 다시 왕이 다스리는 체제가 된 거예요.

무엇보다 천황이 다스리게 된 뒤에도 막부를 지지하는 세력을 잠재워야 했어요. 천황의 병사들은 우수한 총포와 여러 가지 새로운 무기로 장비가 부족했던 막부 지지 세력을 이길 수 있었지요.

메이지 헌법 반포
1889년 반포한 헌법으로 입헌 군주제를 중심으로 하며, 천황의 막강한 권한을 인정한다.

메이지 천황은 에도에 들어와 막부 체제를 완전히 없애기 위해 노력했어요. 그리고 각 지역의 다이묘를 지방 장관으로 임명하며 천황 중심의 중앙 집권 체제를 만들어 나갔어요.

그런가 하면 천황의 일족을 황족, 귀족과 다이묘를 화족, 무사들을 사족, 농민과 상인 등을 통틀어 평민이라 부르게 하고, 모든 신분이 평등하다고 선언했어요. 이를 계기로 평민도 성을 갖게 되었고, 직업과 살 곳을 자유롭게 선택할 수 있게 되었어요. 변하는 세계의 흐름에 맞추려 했던 거예요. 하지만 이런 평등 정책이 철저하게 시행되지는 못했어요.

빠르고 효율적인 개혁에 반대하는 세력을 무조건 탄압하는 것도 문제였어요. 서양의 사상을 공부한 유학파

일족

조상이 같은 친척을 말해.

서양 문물을 적극적으로 받아들이자!

페리 제독은 일본에 함선을 끌고 와 물건을 사고팔자고 요구하면서 일본 사람들에게 새로운 기술을 많이 보여 주었어요. 특히 작은 증기 기관차를 가져와 보여 주었는데, 일본 사람들이 굉장히 신기해했다고 해요.

일본은 이웃 나라 청이 영국에 패배한 소식을 듣고 서양 세력을 두려워하면서도 서양의 학문과 기술을 적극적으로 받아들였어요. 메이지 유신 이후 국가의 장려로 탄광 회사, 금광 회사, 방직 회사(옷감 만드는 회사) 등이 생겨서 활발하게 성장했답니다.

나 지식인들은 정부가 마음대로 개혁하는 데 맞서 자유 민권 운동을 벌이기도 했어요.

그러자 1889년에 메이지 천황은 헌법을 발표하고 이듬해에는 의회를 만들었어요. 이로써 일본 최초의 입헌 군주제가 모습을 드러냈지요. 국민의 자유를 엄격하게 통제하는 또 다른 법이 만들어지고, 천황이 여전히 막강한 힘을 가지고 있었기 때문에 부족한 면이 있기는 했어요. 하지만 일본은 이 과정을 통해 빠르게 근대화하고 있었어요.

네가 정책 결정자였다면 서양 세력이 문을 열라고 할 때 어떻게 했겠니?

메이지 유신으로 바뀐 일본 사회

1868년 일본은 근대화를 위해 메이지 유신이라는 개혁을 일으켰어요.
제도를 바꾸는 것은 물론, 서양 문물을 적극적으로 받아들였어요.
과학 기술과 의복, 음식 등 다양한 분야에서 일본은 변화해 갔어요.

메이지 원년(1868년)에 서양식 호텔이 세워지고,
거리에 벽돌로 된 2층 상가가 들어섰어요.

1872년에는 도쿄의 신바시와 요코하마 사이에
철도가 개통되어 증기 기관차가 다니기 시작했어요.

한때 불교 때문에 금기시 되었던 육식이
활발하게 보급되었고, 그 덕분에 소고기 전골이나
소고기 냄비 요릿집이 번창했어요.

지팡이를 대신해 양산이
유행하기도 했어요.

단발령(1871년)이 내려지고 일본 사람들은
서양 사람들처럼 머리를 잘라 깔끔하게 정리했어요.
양복을 입고, 신발도 가죽 구두를 신었어요.

찾아보기

사진 자료 사용에 도움을 주신 곳

- 이 책에 사용한 사진의 박물관과 저작권자의 출처를 표시하였습니다.
- 저작권자가 누락되거나 착오가 있다면 다음 쇄를 찍을 때 수정하겠습니다.

세계 속의 왕조

유럽, 러시아, 한국, 일본

프랑스

- 왕 ─ 루이 14세(1643년~1715년)
  - 루이 15세(1715년~1774년)
  - 루이 16세(1774년~1792년)

- 제1통령 ─ 나폴레옹(1799년~1804년)

- 황제 ─ 나폴레옹(1804년~1815년)

- 왕 ─ 루이 18세(1814년~1815년, 1815년~1824년)
  - 샤를 10세(1824년~1830년)
  - 루이 필리프(1830년~1848년)

러시아

- 황제 ─ 알렉산드르 1세(1801년~1825년)
  - 니콜라이 1세(1825년~1855년)

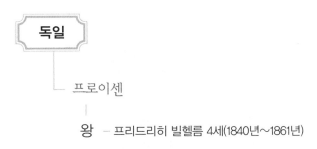

독일
└ 프로이센
    │
    왕 ─ 프리드리히 빌헬름 4세(1840년~1861년)

한국
└ 조선
    │
    왕 ┬ 숙종(1674년~1720년)
       ├ 경종(1720년~1724년)
       ├ 영조(1724년~1776년)
       ├ 정조(1776년~1800년)
       ├ 순조(1800년~1834년)
       ├ 헌종(1834년~1849년)
       ├ 철종(1849년~1863년)
       └ 고종(1863년~1907년)

일본
└ 천황 ─ 메이지 천황(1867년~1912년)

＊왕, 황제 이름은 도서 내용에 포함된 것만 표기했습니다.

＊이름 옆 괄호 안 연도는 그 자리에 있던 기간입니다.

8권에서는 제국주의와
제1차 세계 대전에 대해
알아보아요!

제너,
우두법(소 천연두를
이용한 종두법)
최초 실험

프랑스 혁명 발생

청나라,
아편 금지령 제정

제니 방적기 발명

프랑스,
루이 16세 처형

사다
(간세이

일본,
요시무네의 개혁
(교호 개혁, 1716~)

미국 독립 선언

나폴레옹이
제1통령이 됨

미국,
보스턴 차 사건

| 1725년 | 1729년 | 1735년 | 1751년 | 1764년 | 1773년 | 1776년 | 1789년 | 1793년 | 1796년 | 1799년 | 1 |

영조,
균역법 반포

정조,
규장각을 세움

순

정조,
수원 화성 완성

영조,
탕평책 시행

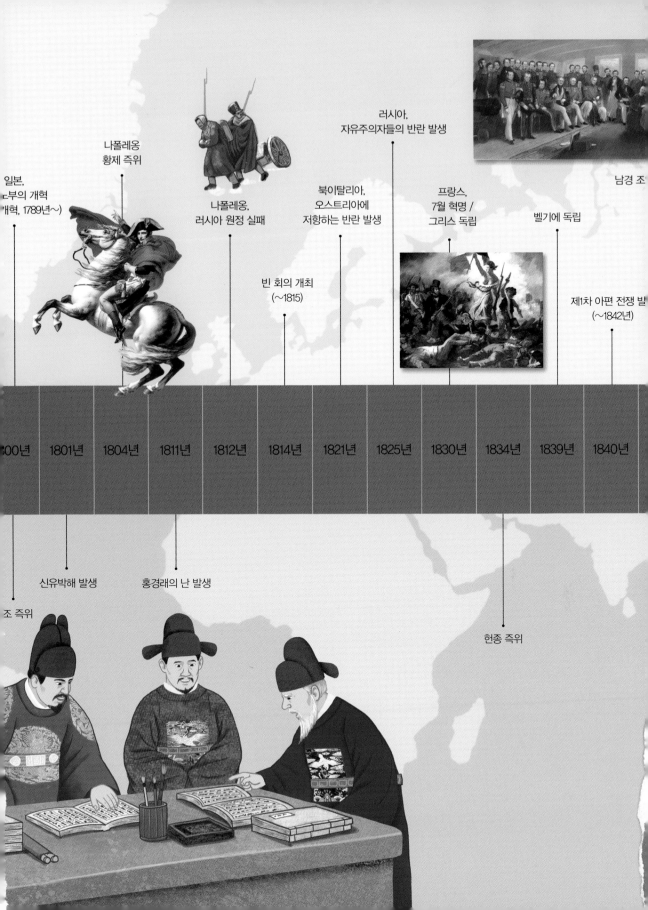

일본,
□부의 개혁
개혁, 1789년~)

나폴레옹
황제 즉위

나폴레옹,
러시아 원정 실패

빈 회의 개최
(~1815)

북이탈리아,
오스트리아에
저항하는 반란 발생

러시아,
자유주의자들의 반란 발생

프랑스,
7월 혁명 /
그리스 독립

벨기에 독립

남경 조

제1차 아편 전쟁 발
(~1842년)

□00년	1801년	1804년	1811년	1812년	1814년	1821년	1825년	1830년	1834년	1839년	1840년

조 즉위

신유박해 발생

홍경래의 난 발생

헌종 즉위

연표로 보는 세계사의 흐름

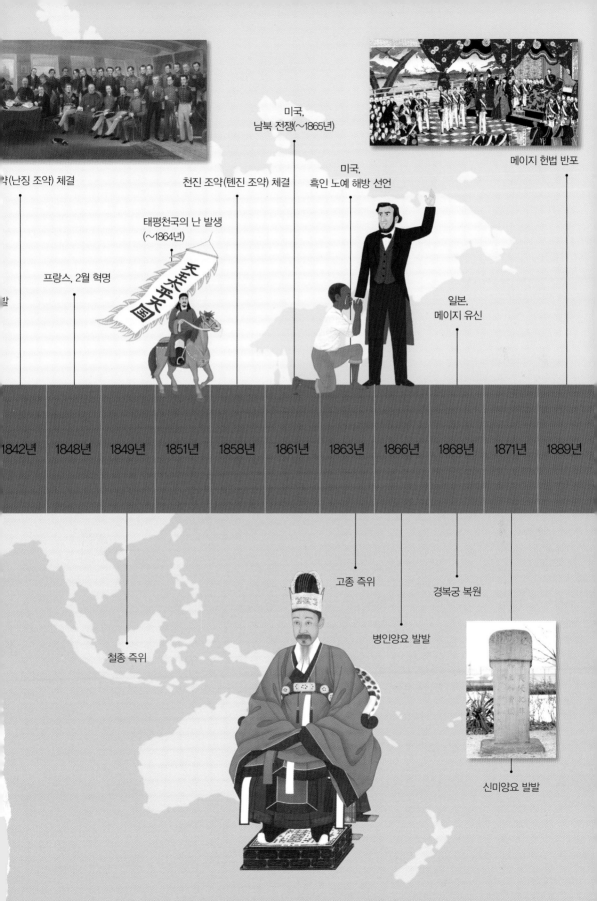

미국,
남북 전쟁(~1865년)

메이지 헌법 반포

약(난징 조약) 체결

천진 조약(톈진 조약) 체결

미국,
흑인 노예 해방 선언

태평천국의 난 발생
(~1864년)

프랑스, 2월 혁명

일본,
메이지 유신

발

1842년　1848년　1849년　1851년　1858년　1861년　1863년　1866년　1868년　1871년　1889년

고종 즉위

경복궁 복원

병인양요 발발

철종 즉위

신미양요 발발